AF641827

BIBI DUMON TAK

MÜCKE, MAUS UND MAULWURF

DIE ALLERNORMALSTEN TIERE DER WELT

MIT ILLUSTRATIONEN VON FLEUR VAN DER WEEL

Aus dem Niederländischen von
Meike Blatnik

Carl Hanser Verlag

Die Autorin Bibi Dumon Tak, 1964 in Rotterdam geboren, wollte Tierärztin oder Ornithologin werden, studierte aber Literatur. Ihrer Begeisterung für Tiere hat sie in zahlreichen Büchern Ausdruck verliehen. Ihr Kinderbuch *Kuckuck, Krake, Kakerlake* war 2010 für den Deutschen Jugendliteraturpreis nominiert.
Die Illustratorin und Grafikerin Fleur van der Weel, 1970 geboren, studierte an der Kunsthochschule in Utrecht. Sie hat auch den erfolgreichen Vorgänger *Kuckuck, Krake, Kakerlake* illustriert.
Die Übersetzerin Meike Blatnik, 1974 geboren, hat bereits über 20 Bücher aus dem Niederländischen übersetzt.

Die Originalausgabe erschien 2013 unter dem Titel
Bibi's doodgewone dierenboek bei Querido, Amsterdam.

Die Übersetzung dieses Buches wurde von der niederländischen Literaturstiftung *The Dutch Foundation for Literature* gefördert.

Nederlands letterenfonds
dutch foundation
for literature

Erscheint als Hörbuch bei Oetinger Media

2. Auflage 2025

ISBN 978-3-446-25080-2 | © Text: Bibi Dumon Tak | © Bild: Fleur van der Weel | Alle Rechte der deutschen Ausgabe: © 2016 Carl Hanser Verlag München | Vilshofenerstraße 10 | 81679 München | info@hanser.de | Wir behalten uns auch eine Nutzung des Werks für Zwecke des Text und Data Mining nach § 44b UrhG ausdrücklich vor. | Umschlagillustration: Fleur van der Weel | Umschlaggestaltung: Stefanie Schelleis, München | Satz im Verlag | Druck und Bindung: TBB, a.s., Banská Bystrica | Printed in Slovak Republic

FSC
www.fsc.org
MIX
Papier | Fördert
gute Waldnutzung
FSC® C022120

WARTE MAL KURZ,

bevor du mit dem Lesen anfängst.

In diesem Buch findest du Tiere, die so normal sind, dass die meisten Menschen gar keine Lust haben, sie sich genauer anzusehen. Die kennen wir doch schon!, sagen sie dann.
Aber stimmt das?
Nein, natürlich nicht. Unter den allernormalsten Fellen, Schuppen und Federn in diesem Buch verbergen sich die verrücktesten Tiere: von außen ganz alltäglich, von innen außerordentlich raffiniert.

Also: Herzlich Willkommen in diesem Buch und – keine Langeweile!

DIE MAUS

Wenn du wählen könntest, welches Tier wärst du dann gern?

Ach, bestimmt alles Mögliche, nur nicht das: eine Maus. Weil die Maus nur Feinde hat und keine Freunde.

Eulen, Ratten, Schlangen und Katzen. Sie alle hätten die Maus am liebsten in ihren Fängen. Und wir Menschen? Wir Menschen sähen sie am liebsten in unserer Mausefalle.

Wie schade, wie schade. Denn die Maus unter deinem Bett ist mit dem einzigartigen Bruce-Effekt* ausgerüstet. Ganz genau, das klingt, als ginge es um die allerneueste Kampftechnik, aber das trifft es nicht ganz.

Es verhält sich nämlich so: Eine weibliche Maus ist fast immer schwanger. Das geht gar nicht anders, wenn man so viele Feinde hat und nicht aussterben will. Das Weibchen bekommt vom stärksten Mann in ihrem Umfeld Kinder. Dass er der stärkste ist, riecht sie an seinem Urin. Doch es kann auch passieren, dass sie während ihrer Nachtwanderung durchs Schlafzimmer den Geruch eines noch stärkeren Männchens erschnuppert.

Hilfe!, denkt sie, und jetzt? Da gibt's nur eins: raus aus dem Bauch mit den ungeborenen Babys und nichts wie besagter Supermaus hinterher.

Wenn die Weibchen auf diese Art und Weise weitermachen, werden ihre Mäusebabys immer stärker, bis sie so kräftig sind, dass sie zukünftig keine Feinde mehr haben.

Am besten man schließt lieber bald Frieden mit der Maus unterm Bett, bevor deren Ururturenkelkinder einen noch aufs Kreuz legen!

*** Sprich: Bruhss-Effekt**

DER TURMFALKE

Man stolpert nicht unbedingt über ihn, so gewöhnlich ist der Turmfalke nun auch wieder nicht. Im Gegenteil, er fällt schon auf, dieser Raubvogel, der ziemlich einsam durch das Leben geht.

Zum Jagen fliegt er zu einer Stelle hoch über dem Gras und bleibt dort fast reglos in der Luft stehen. Er spreizt nur seine Schwanzfedern und schlägt mit den Flügeln, sodass er an ein und derselben Stelle verharrt, wie ein Hubschrauber – aber ohne Lärm.

Er ist auf der Suche nach Mäusen, seiner Leib- und Magenspeise. Er sucht den Boden unter sich nach der kleinsten Bewegung ab. Ob er die kleinen Tiere aus so großer Distanz sehen kann? Mühelos. Ob er sich nicht völlig k.o. flattert? Er passt gut auf!

Das Flattern nennt man übrigens Rütteln. Und der Turmfalke macht das nicht auf gut Glück, er sucht sich die Stelle genau aus. Er rüttelt nämlich am liebsten über der Autobahn. Nicht der aus Asphalt, sondern der aus Mäuse-Urin. Mäuse machen nämlich ziemlich viel Pipi, um ihren Duft abzugeben, auch während sie laufen. Wo viele Mäuse sind, gibt es folglich viele Urinspuren, und der Turmfalke sieht sie alle.

Wie? Er kann ultraviolettes Licht sehen. Das UV-Licht in der Sonnenstrahlung wird vom Mäuse-Urin reflektiert und leuchtet weiß auf. Und während wir durch unsere Autofenster zu dem rüttelnden Vogel über dem Straßengraben schauen, hält der Turmfalke nach einem belebten Verkehrsknotenpunkt aus Mäuse-Urin Ausschau. Natürlich hofft er auf einen Stau, und solang es kein Blechstau ist, hoffen wir mit ihm.

EI
LARVE
PUPPE
MÜCKE

DIE MÜCKE

Was für eine tolle Wortfolge das ist! Genau richtig für die erste Klasse. Genau richtig, wenn man lesen lernt. Aufschlussreich ist sie außerdem, weil man dann schon automatisch etwas über die verschiedenen Leben eines der gefährlichsten Tiere der Welt erfährt: die Mücke. So was kann man nicht früh genug wissen.

Ein Biss von einem Tiger oder einem Hai klingt viel gefährlicher als ein Biss von einer Mücke, aber wie oft trifft man auf einen Hai oder einen Tiger? Na?

Alle denken immer, Mücken würden stechen, aber das tun sie nicht, sie beißen. Alle? Nein, nur die Weibchen, die schwanger werden wollen. Sie brauchen Blut, damit die Eier in ihrem Bauch wachsen können. In manchen Ländern kann ein solcher Stich, also Biss, tödlich sein, da Mücken üble Krankheiten übertragen. Von daher droht Gefahr.

Aber warum müssen die Tiere dabei so laut summen? Ein Tiger schleicht sich geräuschlos an, bevor er zubeißt, und ein Hai macht auch keinen Lärm. Aber die Mücken veranstalten richtig Theater. Warum?

Sie machen das, um den Männchen mitzuteilen, dass sie da sind. Je lauter sie summen, desto besser sind sie zu hören und desto schneller finden sie jemanden, der bereit ist, ihre Eier zu befruchten. Und dann, ja dann geht alles wieder von vorne los:

Ei.

Larve.

Puppe.

Mücke.

Klatsch!

DER IGEL

Wer einen Igel findet, der schmilzt auf der Stelle dahin.

Unfassbar.

Immerhin haben wir es hier mit dem am wenigsten streichelbaren Tier zu tun, das auf vier Beinen herumläuft. Sogar wenn er sich zusammenrollt und sämtliche seiner scharfen Stacheln auf uns richtet, sagen wir: »Ach, sieh nur, wie niedlich!« Liebe macht eben stockblind.

Da ist noch etwas, was ihn unstreichelbar macht. Wenn ein Igel auf etwas Unbekanntes stößt, dann leckt und riecht er daran und knabbert es manchmal an. Dabei bildet sich ganz viel Schaum in seinem Mund. Diese Mischung aus Spucke und Luftbläschen fließt an einer bestimmten Stelle zwischen Nase und Zunge vorbei. Dort befindet sich ein besonderer Riech- und Schmeck-Mechanismus, mit dem er Neues entdecken kann. Der Igel schmeckt und sabbert und weiß nach einiger Zeit: Aha, das ist ein Gummistiefel, gut zu wissen fürs nächste Mal, wenn ich diesen Garten besuche.

Danach muss er den ganzen Speichel irgendwie wieder loswerden. Er spuckt ihn nicht auf den Boden, sondern schmiert sich selbst damit ein. Niemand weiß, warum er das macht, zudem ist es Schwerstarbeit, bei der der Igel häufig umfällt. Erst wenn er sich den Rücken mit der Stiefelspucke eingeschmiert hat, ist sein Riech- und Schmeck-Mechanismus wieder sauber und er kann den Tennisball vom Hund erkunden.

Igitt! Stacheln und Spucke. Der Igel ist doppelt unstreichelbar.

Und wir? Wir sind doppelt verliebt.

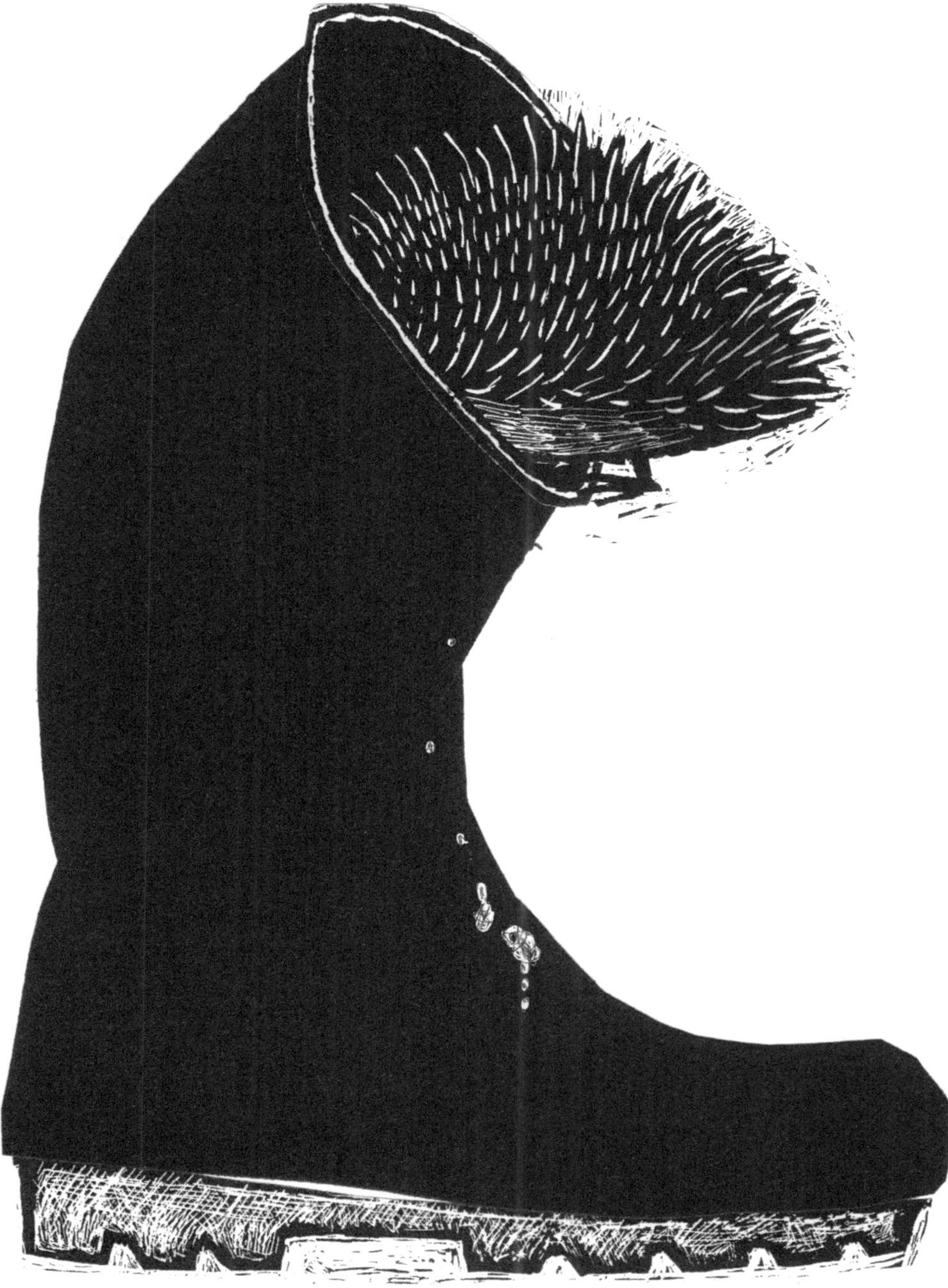

DER REGENWURM

Eigentlich gehört dieses Tier nicht in dieses Buch. Diese sich kringelnde Luftschlange. Dieser Sklave der Erde. Immerzu arbeiten, immerzu essen, immerzu aufpassen, um nicht von irgendwem verschlungen zu werden. Der Regenwurm und stinknormal? Träum weiter!

Sein langer Körper besteht ganz aus Ringen. Und jeder einzelne dieser ungefähr hundertfünfzig Ringe ist wichtig. Wenn man also einen Wurm durchschneidet, dann bekommt man nicht zwei Regenwürmer, wie viele behaupten, sondern einen toten.

Ein Wurm hat eine Vorder- und eine Rückseite, eine Ober- und eine Unterseite. Der allererste Ring ist die Oberlippe. Genau genommen besteht sie nur aus einem halben Ring. Zusammen mit dem zweiten Ring wird sie zum Mund. Beim dritten fängt der Körper an. In Ring sieben bis elf verbergen sich zehn Herzen. Zehn pumpende Maschinen, die das Blut durch den langen Körper jagen.

Mit dem vierzehnten und fünfzehnten Ring kann der Wurm Kinder machen. Rund um den fünfunddreißigsten Ring befinden sich einige Öffnungen, aus denen Schleim fließt. In diesem Schleim schwimmen die Samen und Eier, aus denen neue Kinder entstehen.

Nach den Schleimringen zieht sich der Wurm noch ein Stück weiter in die Länge bis hin zu Ring 150: dem Hintern. Und auf jedem Ring wachsen, ob du es glaubst oder nicht, ein paar Bürsten, mit denen sich der Wurm gegen die Erde stemmen kann. Für den Fall, dass ein Maulwurf ihn am Hinterteil zieht. Und auf dem Rücken hat er kleine Lüftungslöcher, die ihn gesund und feucht halten.

Was für eine großartige Fabrik doch dieser kleine rosa Vielfraß ist! Quer durch alle Ringe hindurch läuft nämlich sein ellenlanger Magen. Vorne bei Ring eins wandert ein verwelktes Herbstblatt hinein, und hinten bei Nummer 150 kommt es als neue Erde wieder heraus.

Jetzt, wo wir das alles wissen, bleibt uns nur noch eines zu sagen: Der Regenwurm ist ganz und gar nicht gewöhnlich.

Der Regenwurm ist: ganz und gar ungewöhnlich.

DER BRAUNFROSCH

Ja, er liebt das Leben, der Braunfrosch, denn er fühlt sich fast überall zu Hause, zumindest solange es nicht zu trocken ist und ab und zu etwas Leckeres vorbeifliegt – oder kriecht. Mutterseelenallein bewegt er sich zwischen den auf dem Boden liegenden Blättern und Zweigen durch den Wald oder hängt ein wenig am Wassergraben herum. Der Braunfrosch ist ein glücklicher Einsiedler, bis der Frühling anbricht.

Bis der Frühling anbricht.

Alle Männchen sammeln sich jedes Jahr an derselben Stelle am Wasser und fangen an, unartikuliert zu quaken. Ihre weißen Kehlen glänzen in der Sonne. Nachdem sie da so eine Weile brummend, murmelnd, gurgelnd gesessen haben, sind die Weibchen endlich so weit. Es kommt nur auf die richtige Grifftechnik an!

Denn die Männchen führen keinen Liebestanz auf und fragen auch nicht: »Willst du mit mir gehen?«, nein, sie springen einfach ohne Vorwarnung auf ein Weibchen drauf, oben drauf! Und halten es so gut fest, dass es nicht mehr freikommt, bis das Weibchen die Eier abgelegt hat. Das sieht aus wie Judo. Mit dem Unterschied, dass dieser Griff bei Menschen *Hadaka-Jime* heißt und bei Fröschen *Amplexus*. Und … es gibt noch einen Unterschied:

Judokas machen Punkte,
und Frösche machen Froschlaich.

NOCH MAL KURZ ZUM IGEL Die Paarung ist bei Igeln enorm zeitaufwendig. Erst wenn das Weibchen sich flach auf den Bauch legt und die Stacheln anlegt, kann das Männchen auf es klettern, ohne sich zu piksen. *Bei der Paarung machen sie sehr viel Lärm.*

DER HERING

Der Hering ist der am häufigsten vorkommende Fisch der Welt. Er schwimmt in fast jedem Meer herum, und das nicht allein, sondern manchmal in ganzen Schwärmen, mit Millionen anderen. Man sollte meinen, dass darum alles Wissenswerte über dieses Tier bekannt ist: Einmal gegoogelt und, schwuppdiwupp, springt einem das gesammelte Wissen entgegen. Nun ja, das ist auch so. Es gibt tatsächlich sehr viel über den Hering zu lesen …

Wie man ihn putzen muss, zum Beispiel, und wie er am besten schmeckt: geräuchert, gepökelt, gebraten oder eingelegt. Wahlweise mit Zwiebel, Gurke oder im Brot. Um Himmels willen, armer Fisch!

Wir kennen ihn nur aus Kochbüchern.

Wir wollen alles über seinen Tod wissen, aber nichts über sein Leben. Vielleicht sind Forscher darum erst vor wenigen Jahren dahintergekommen, dass Heringe miteinander sprechen können. Wie sonst bleiben sie in den dunklen Tiefen des Meeres so nah beieinander, ohne sich zu verlieren?

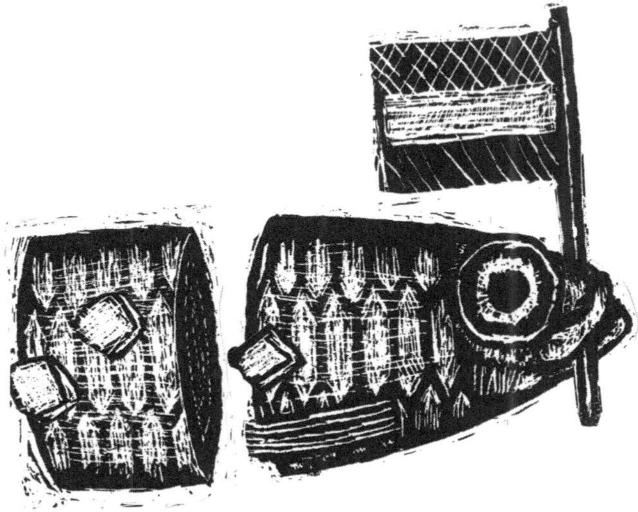

Zwar gibt es mehrere Fischarten, die Laute von sich geben, aber die kommen aus dem Mund. Beim Hering etwa nicht? Nein, der Hering spricht mit seinem Hintern. Er lässt Fürze, um den anderen Fischen mitzuteilen, wo er ist. Und einige dieser Fürze dauern bis zu acht Sekunden lang.

Eine wichtige Heringsweisheit lautet dementsprechend:
Bekommst du jemanden im Dunkeln nicht zu fassen?
Dann musst du einfach einen fahren ...!

NOCH MAL KURZ ZUM REGENWURM Wenn man wissen will, wo vorne und wo hinten ist, dann muss man ihn sich auf die Hand legen und leicht zu einer Seite ziehen. Geht das widerstandslos, dann hält man ihn am Kopf fest. Geht das nur mit Mühe, dann hält man ihn am Hintern fest. Das liegt an den winzig kleinen Bürsten unter seinem Bauch.

DIE KREUZSPINNE

Viele Tiere leben in Gruppen, schön sicher und geschützt, alle beieinander. Nicht so die Kreuzspinne, die will allein sein. Alleiniger als allein. Trifft sie auf einen Artgenossen, beißt sie ihn am liebsten tot. Angenehm.

Offiziell hat die Kreuzspinne einen königlichen Namen. Sie heißt: Die Spinne mit der Krone. Den Namen hat sie wegen der ganzen schönen perlenförmigen Flecken auf dem Rücken bekommen, die zusammen wie ein Kreuz aussehen.

Viele Menschen glauben, es gäbe im Herbst mehr Kreuzspinnen als im Frühling, doch das ist nicht so. Im Herbst sind sie nur viel größer als im Frühjahr, wodurch man sie besser sieht. Vor allem die Weibchen, weil ihr Hinterleib dann prall gefüllt ist mit Eiern.

Wenn es kälter wird, wickelt das Weibchen die Eier in ihr eigenes Gespinst und versteckt das Päckchen in einer sicheren Gartenecke oder in einer Ritze unter einem Fenster. Kurze Zeit später stirbt sie – ihre Aufgabe ist vollbracht.

Im nächsten Frühling kommen ihre Kinder zur Welt. Sie ernähren sich die ersten Tage noch vom Dotter aus ihren Eiern, um zu Kräften zu kommen, bevor sie sich bereit machen auszufliegen.

Fliegen?

Ja, fliegen.

Sämtliche Babyspinnen krabbeln ganz nach oben in einen Strauch oder auf eine Mauer und lassen zum ersten Mal einen Faden aus dem Hinterleib. Sie weben so lange weiter, bis der Wind den Faden vorsichtig anhebt.

So ziehen jedes Frühjahr, hoch durch die Lüfte, Tausende Babyspinnen an einem hauchdünnen Silberfaden in ihr neues Zuhause.

Wo sie landen, weben sie ein Netz. Ein winzig kleines Netz. Das ist der Anfang eines Königreichs. Ein Königreich für eine einzige Bewohnerin.

SCHON MAL KURZ ZUM HALSBANDSITTICH Da er nicht in unserem Land heimisch ist, wird der Halsbandsittich als Exot bezeichnet. Die Wanderratte war auch mal ein solcher Exot und hat die Hausratte nach ihrer Ankunft in Europa fast verdrängt. Und wenn wir nicht aufpassen, vertreibt uns das Grauhörnchen noch unser Eichhörnchen. Der riesige nordamerikanische Ochsenfrosch frisst unsere kleineren Frösche auf. Aber unsere Kaninchen knabbern ihrerseits Australien kahl, weswegen der Fuchs dorthin gebracht wurde. Der frisst allerdings nicht nur Kaninchen, sondern unbeabsichtigt auch andere australische Tiere. Und der Spatz, ups, der Spatz, dieses kleine unscheinbare Vögelchen, wurde mal, per Schiff, als Exot mit nach Amerika gebracht.

DER SPATZ

Der Spatz.

Wer?

Der Spatz!

Ach der.

So normal, so stinknormal, dass man ihn kaum wahrnimmt mit seinem braungrauen Federkleid und seinem Gezwitscher, das zwar laut ist, aber kaum zu ertragen. Der ewiggleiche Singsang. Was gibt es über diesen Vogel zu sagen? Dass er am liebsten unter Menschen wohnt? Wahnsinnig interessant. Dass die Jungen Fliegen fressen und die Erwachsenen Samen? Einmal gähnen bitte.

Wie, sie können auch fliegen? Na, na, na, der Spatz ist mir ja einer. Klasse.

Vielleicht sollten wir es hierbei belassen?

Wir haben Besseres zu tun.

Tschuldigung.

Tschüss, Spatz.

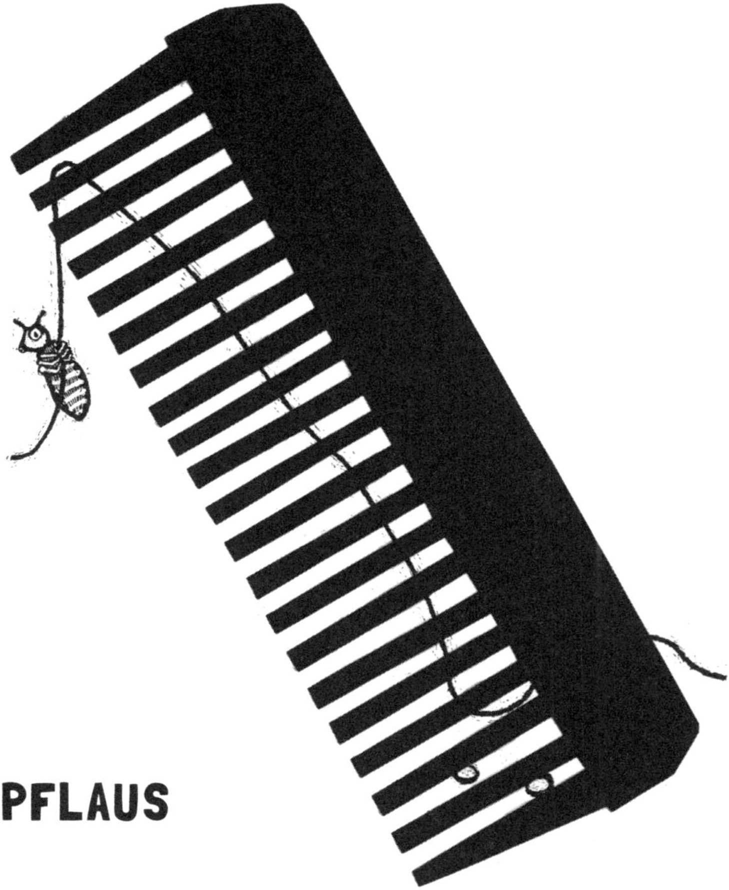

DIE KOPFLAUS

 Das ist nicht dein Ernst.

Doch.

Wir rufen die Polizei.

Als wenn das helfen würde.

Die Kopflaus kommt nicht ins Buch. Wir haben schon genug Ärger mit ihr.

Na und, es ist doch ein Allerweltstier? Dann hat es auch Anspruch auf zwei Seiten in diesem Buch.

Eine Seite dann.

Zwei. Eine Laus ist eine Laus und dafür kann sie auch nichts. SEUFZ!

Die Kopflaus ist ein beißfreudiges Insekt. Sie hat sechs kräftige Beine, mit denen sie sich an einem Haar festhalten kann. An deinem Haar! Auf dem sie schön herumkrabbelt. Je sauberer die Haare, desto wohler fühlt sie sich.
Ungefähr fünfmal täglich ist Essenszeit, dann macht sich die Laus auf nach Hause – und das ist in diesem Fall dein Kopf. Sie fährt ihren Saugrüssel aus, und schon beginnt sie mit ihrer Mahlzeit. Der Saugrüssel funktioniert wie ein Strohhalm. Nicht irgendein x-beliebiger, sondern ein ganz kreativer.

Zuerst einmal kann sie damit sägen. An der Vorderseite befinden sich kleine Zähne, mit denen sie einem die Kopfhaut aufritzt. Außerdem kann sie durch ihn hindurchspucken. Die Spucke der Laus enthält einen Stoff, der dafür sorgt, dass das Blut gut fließt. Zu guter Letzt kann die Laus damit schlürfen, und zwar so lang, bis ihr Bauch dick und rund ist.

Sägen, spucken, schlürfen, was für ein herrliches Läuseleben. Oh ja, das Kinderkriegen nicht zu vergessen, hundertfünfzig Babys pro Weibchen. Das alles auf deinem Kopf. Willst du sie loswerden? Dann gibt's nur *eine Lösung*: Haare ab, Fieber bekommen oder Läusemittel.

Läuse mögen keine kahlen und auch keine fiebrigen Köpfe. Wen oder was sie sehr doll mögen?

Dich natürlich!

Man sieht es selten, dieses haarige Tier, das mit seinen Pfoten wie mit Rudern durch das Erdreich paddelt und das eine Schnauze hat, die genauso lang ist wie sein Schwanz. Was man hingegen oft sieht, ist die Unordnung, die es kurz vor Spielbeginn auf dem Fußballfeld hinterlässt.

Der Maulwurf lebt unter der Erde und jagt tagein, tagaus durch sein Gangsystem, schön solo, da er keine Freunde will. Erst wenn es Zeit wird für Kinder, wagt sich das Männchen über Tage, um das Gangsystem eines Weibchens zu bestürmen. Wenn er das erledigt hat, kehrt er wieder in sein eigenes Reich zurück, um herrlich allein weiterzuleben.

Der Maulwurf braucht viel zu essen, so viel, dass ihm wenig Zeit zum Schlafen bleibt. Alle drei Stunden geht er auf die Jagd, im Sommer wie im Winter, bei Tag und bei Nacht. Damit sein Lieblingsessen immer vorrätig ist, muss er im Voraus planen. Was, wenn er einen Wurm findet und gerade keinen Hunger hat? Dann beißt er in den Kopf des Wurms.

Nicht zu sehr, damit der Wurm nicht stirbt.

Nicht zu leicht, damit der Wurm nicht wegkriechen kann. Er schleift den verletzten Wurm in sein Schlafzimmer und legt ihn dort ab. Manchmal liegen dort mehr als zehn solcher Würmer, die halb bewusstlos auf ihr letztes Stündlein warten.

Maulwürfe machen Gras kaputt, Maulwürfe murksen Würmer ab, Maulwürfe schlagen, wenn es sein muss, gegenseitig aufeinander ein. Wir Menschen sehen darin eine einzige Spur der Vernichtung, aber der Maulwurf? Der nicht, er ist so gut wie blind, und über den Augen wachsen ihm Haare.

NOCH MAL KURZ ZUM BEDEUTUNGSLOSEN SPATZ Er ist der meistverbreitete Vogel der Welt. Es gibt sogar einen offiziellen Weltspatzentag, am 20. März.

DER MAULWURF

DIE NACKTSCHNECKE

Die Nacktschnecken gehören zur großen Familie der Bauchfüßer. Das klingt seltsam, sie haben ja gar keine Füße, sondern kriechen langsam auf dem Bauch voran.

Es gibt:
die Wegschnecken,
den Schnegel,
die Ackerschnecke,
den Wurmschnegel,
die Meeresschnecke,
und alles sind Nacktschnecken ohne irgendetwas am Leib.

Ach, ach, ach, kein Haus auf dem Rücken und keine Beine unter dem Bauch. Sind die arm dran. Haben die Schnecken denn gar nichts, das ihnen das Leben verschönert?

Jetzt, wo du es sagst – die Schnecken haben ein Sexleben, das seinesgleichen sucht.

Hör auf!

Die Tiere sind Männchen und Weibchen gleichzeitig. Das Kindermachen geht bei ihnen nicht ruckzuck, nein, das kann Stunden dauern.

Aufhören, haben wir gesagt!

Die Wegschnecken umrunden einander, wobei ein Bett aus Schleim entsteht, danach blasen sie einen Ballon auf, der ihre rechte Wange nach außen bläht. Diese Ballons reiben sie aneinander, auf diese Weise tauschen sie ihre Samen aus. Das Liebespaar ist dann für einen kurzen Moment Mann. Die Samen fließen zu den Eiern, damit die Schnecken sie später befruchtet in den Boden legen können, und das tun sie dann wiederum als Frau.

Hör auf! Hast du uns nicht gehört?

Dann der Schnegel. Wenn sich ein Paar gegenseitig verführt hat, klettern sie in einen hohen Baum und lassen sich an langen Schleimschnüren hinunterfallen.

Hallo, uns wird schlecht!

Aus ihrer Wange kommt ein Penis, der länger ist als sie selbst, und den winden sie umeinander.

Wir fallen in Ohnmacht!

Auf diese Art und Weise schwingen sie stundenlang im Wind.

Du kannst aufhören, wir hören eh nicht mehr zu.

Eine Nacktschnecke ist eigentlich Freund und Freundin gleichzeitig. Tochter und Sohn. Vater und Mutter.

Ja ja, bestimmt auch König und Königin.

Genau, die Nacktschnecke hat nichts, aber sie ist alles zugleich.

DIE FELDGRILLE

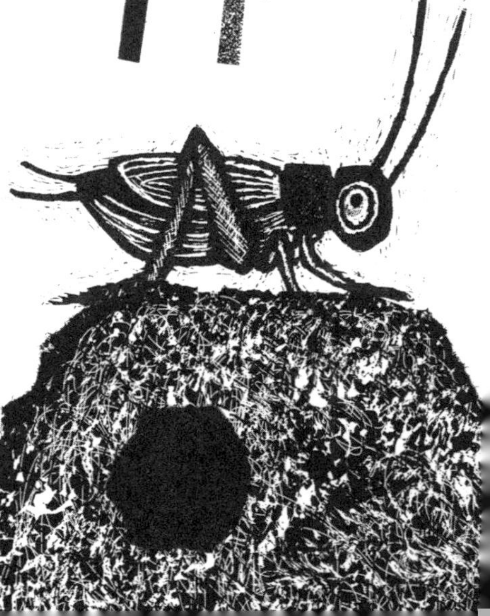

Zirpzirpzirpzirp tönt es in warmen Nächten. *Zirpzirpzirpzirp,* wenn man durch die Felder geht. Es weht durch die Autofenster herein, vertreibt die abendliche Einsamkeit, führt dazu, dass man noch nicht ins Bett will.

Die Feldgrille ist ein kleines Tier. Kaum sichtbar, wenn man nicht danach sucht, zu hören ist es trotzdem. Allerdings gilt das nur für die Männchen, denn die Weibchen zirpen nicht. Unter einem der Flügel steckt ein Kamm mit Zähnen. Mit diesem Flügel streicht das Männchen über den anderen, und das verursacht das *Gezirp.*

Warum man die Tiere nur hört, wenn es warm ist? Weil sie Kaltblüter sind wie alle Insekten. Sie reagieren auf die Außentemperatur. Wenn es kalt ist, sind sie still, wird es warm, kommen sie in Bewegung. Die Feldgrille braucht eine Temperatur von mindestens 13 Grad Celsius, bevor sie zirpt.

Bei 13 Grad zirpen sie ungefähr jede Sekunde, das macht sechzig Mal *Zirp* in der Minute. Auf diese Weise ist die Grille nicht nur ein Thermometer, sondern auch eine Uhr. Denn je wärmer es ist, desto schneller werden die Männchen.

Warum sie das Geräusch überhaupt von sich geben? Um anderen Männchen mitzuteilen, dass sie sich vom Acker machen sollen. Die Weibchen hingegen sind natürlich herzlich willkommen.

Zirpzirpzirpzirp. Zirpzirpzirpzirp. Ja wirklich, dieses Geräusch vertreibt die abendliche Einsamkeit. Das gilt nicht nur für uns, sondern auch für Herrn und Frau Grille.

NOCH MAL KURZ ZUR UNGELIEBTEN LAUS In Afrika hat sie sich auf Kraushaar spezialisiert. Krause Haare sind flacher. Die europäische Laus kann sich daran nicht festhalten. Sie ist runde Haare gewöhnt. Hat man glattes Haar in Afrika oder krauses in Europa, dann bekommt man keinen Besuch von Läusen. Jedenfalls keinen langen.

DER BLAUREIHER

Am ganzen Blaureiher ist nichts Blaues. Er ist grau und weiß, und am Hinterkopf hat er einen Pferdeschwanz aus Federn. Seine Frau sieht genauso grau aus. Man könnte meinen, sie seien geradewegs einem altmodischen Schwarz-Weiß-Film entstiegen, wären da nicht der Schnabel und die Augen, die gelb sind. Es handelt sich um einen ganz modernen Vogel, der mit seiner Zeit geht, denn …

… genau so, wie die meisten Menschen nicht mehr auf die Jagd nach Nahrung gehen, wenn sie Hunger haben, macht der Reiher das heutzutage auch immer seltener. Warum sollte er stundenlang wie versteinert am Wasser stehen und auf einen Frosch warten, wenn eine Pommesbude in der Nähe ist? Lieber ergattert er dort eine Leckerei. Oder er freundet sich mit einem Angler an, der an seinem freien Tag die Angel auswirft.

Es wurde schon mal ein Blaureiher gesichtet, der im Wasser neben einem treibenden Stück Brot stehen blieb. Um es selbst aufzufressen? Papperlapapp! Um es als Köder zu benutzen natürlich, denn der Fisch, der anfing daran herumzuknabbern, wurde plötzlich von einem gelben Blitz getroffen: dem Schnabel des neumodischen Reihers. Ja ja, das Tier macht es sich immer leichter, genau wie wir Menschen.

Es wird nicht mehr lange dauern, bis die Reiher durch unsere Fenster spähen.

Um etwas zu stibitzen?

Natürlich nicht, nur um nachzusehen, ob nicht irgendwo eine Schüssel mit Fischen rumsteht …

NOCH MAL KURZ ZUR ZIRPFREUDIGEN GRILLE

Das Zirpen hat einen Namen: Stridulation.

DIE ASSEL

Haha, wer hätte das gedacht. Die Assel, dieser gepanzerte graue Kerl, gehört nicht zur Familie der Ameise, des Ohrwurms, der Laus oder irgendeines anderen insektenartigen Gruseltierchens, die Assel gehört zur Familie der Krebse.

Einst ist sie aus dem Meer an Land spaziert, das ist Millionen Jahre her, als die Erde noch nicht unsere Erde war. Hatte sie genug von dem ganzen Salz? Von den lauernden Fischaugen um sie herum? Wir wissen es nicht. Wir können uns auch nicht kurz bei ihr erkundigen, denn, Mensch, diese Asseln sind vielleicht scheu! Sie verstecken sich unter Blumentöpfen und Holzstücken. Man kann die Gießkanne nicht einen Tag lang stehen lassen und schon wohnt eine Familie darunter. Und hebt man die Gießkanne hoch, dann schießen die scheuen Krabbeltiere in alle Himmelsrichtungen, als würde die Welt jeden Moment untergehen.

Asseln haben keine Angst vor Menschen, aber vor Licht und Trockenheit. Insgeheim sind es nämlich immer noch kleine Krebse, die sich nach dem Meer sehnen. Sie atmen durch Kiemen an den Hinterbeinen. Und diese Kiemen funktionieren nur, wenn es feucht ist und dunstig und finster. Sie atmen wie Fische. Und wenn das Weibchen Kinder bekommt, dann trägt sie sie in einem Beutel vor der Brust, als fürchte sie, ihre Eier würden ihr von der Meeresströmung entrissen.

Asseln leben auf dem Land, aber im Herzen wohnen sie noch immer unter Wasser.

NOCH MAL KURZ ZUM BEDEUTUNGSLOSEN SPATZ Einer der bekanntesten Spatzen der Welt ist der Domino-Spatz. Er flog in Friesland in eine Halle, wo dreieinhalb Millionen Dominosteine aufgebaut worden waren, um den Rekord fallender Steine zu brechen. Der Spatz flatterte dreiundzwanzigtausend um und wurde erschossen. Der Schütze musste daraufhin ein Strafgeld in Höhe von zweihundert Euro zahlen.

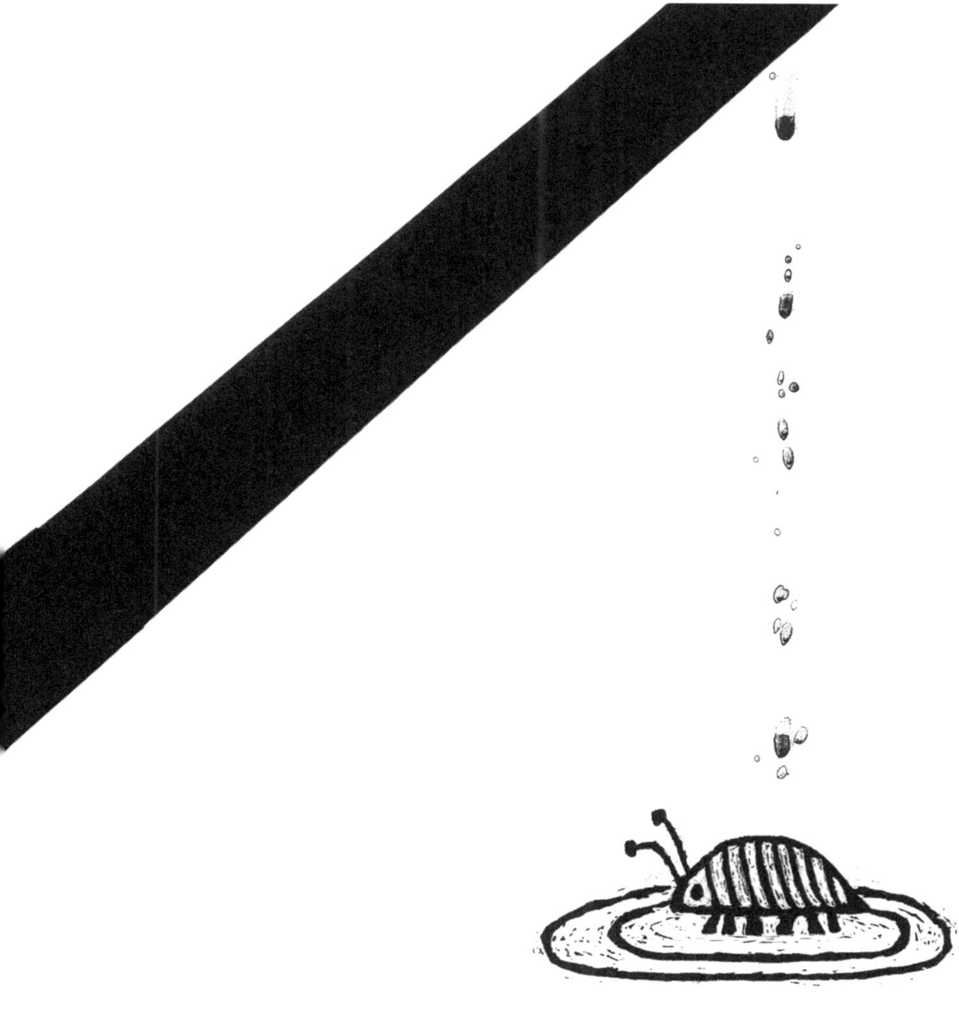

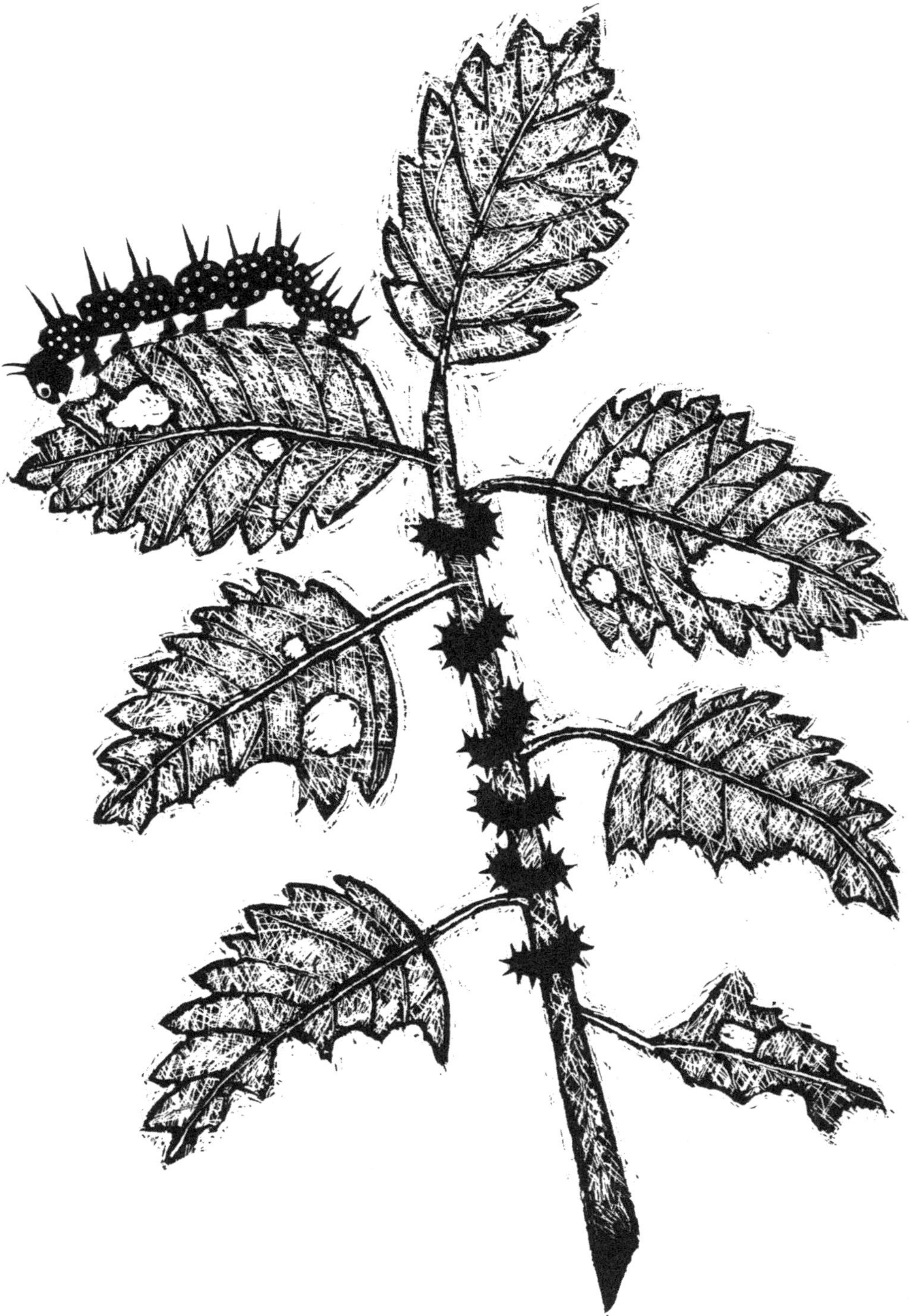

DAS TAGPFAUENAUGE

Das Tagpfauenauge heißt Tagpfauenauge, weil es auch ein Nachtpfauenauge gibt. Das eine lebt tagsüber, das andere nachts. Logisch.

Von allen Schmetterlingen sieht man das Tagpfauenauge am häufigsten – vielleicht, weil es so alt werden kann. Das Leben ist für das Tagpfauenauge keine Angelegenheit von Tagen oder Wochen, wie bei anderen Schmetterlingsarten, sondern von Monaten. Es handelt sich um ein bärenstarkes Tier, das zum Zeitpunkt seines Todes ausgefranste Flügel hat – so viel Wind ist unter ihnen hindurchgestrichen, und so viele Vögel haben nach ihm geschnappt.

Sobald es aus dem Ei seiner Mutter kriecht, erwartet das Tagpfauenauge ein magisches Leben. Magisch, da der Falter sich immer wieder aufs Neue verändert. Das Tagpfauenauge beginnt sein Leben als winzig kleine Raupe. Wenn man es mit seinen Brüdern und Schwestern zusammen sieht, erinnern sie an einen durcheinandergewürfelten Haufen schwarzer Schrauben aus der Werkzeugkiste. Aber das bleibt natürlich nicht so. Nein, sie futtern sich sofort mit Brennnesselblättern voll, und zwar so sehr, dass einer nach dem anderen aus allen Nähten platzt, bis schließlich eine ganze Ladung dicker, haariger, schwarz-weiß gepunkteter Raupen über die Blätter kriecht.

Und dann? Wenn sie sich so vollgefressen, nicht mehr von der Stelle rühren können, verpuppen sie sich, um nach einer Woche als Schmetterling wieder zum Vorschein zu kommen. Sie haben sich verzaubern lassen: von einem Werkzeug in ein Schmuckstück.

Wow, so ein Leben hätten wir auch gerne!

Abrakadabra, eins, zwei, drei, ich wünsche mich als Schraube herbei!

DER STAR

Dieses Tier ist ein Phänomen. Nicht als einzelner Vogel, nein, dann ist er unbedeutend, ein unscheinbarer Vogel mit weißen Spritzern auf der Brust. Aber zusammen mit anderen ist er wundersam und atemberaubend. Es handelt sich vermutlich um die einzige Tierart, die freiwillig Shows veranstaltet, für die die Menschen Eintritt zahlen würden, da ihre Show alle anderen auf der ganzen Welt um Längen schlägt.

Bevor Stare während des großen Vogelzugs schlafen gehen, sammeln sie sich hoch oben über ihrem Schlafgebiet. Immer wieder kommt ein Schwarm hinzu, bis sie zu Tausenden ein sich bewegendes Mosaik bilden. Sie fliegen, sie drehen und wenden sich, sie tauchen durch die Luft und stoßen dabei nie aneinander. Vor allem in Dänemark sind die Star-Wolken berühmt. Dort heißen sie *sort sol*. Das bedeutet »schwarze Sonne«, weil alle Stare zusammen im Vorüberfliegen die späte Frühjahrssonne verdunkeln.

An einem Ort sammeln sich sogar jedes Jahr mehr als eine Millionen Vögel, um ein überwältigendes Luftballett aufzuführen. Die Dänische Eisenbahn hat einmal einen Zug dorthin fahren lassen, den sie Star Express nannte. Es wurden 275 Karten zum Verkauf angeboten, und 50 000 Dänen wollten eine haben.

Stare brauchen bloß ihre sieben Nachbarn im Auge zu behalten, um Unfälle zu vermeiden. Über ihrem Schlafgebiet fliegen sie mit einer Geschwindigkeit von 36 Kilometern pro Stunde. Ihre herrlichen Kurven vollführen sie genau über der Grenze dieses Gebiets. So tanzen sie zu der Musik ihrer raschelnden Flügel in den Abend hinein, den Himmel als Hintergrund.

NOCH MAL KURZ ZUM ARMEN DOMINO-SPATZ

Der Vogel wurde ausgestopft und befindet sich jetzt in einem Museum in Rotterdam. Es war ein Weibchen, das ein halbes Jahr alt war. Im Bauch fand man vier Samen aus einem Vollkornbrot, einen Splitter von einem Schneckenhaus und ein bisschen Kiesstaub. Es handelte sich zu allem Unglück also auch noch um einen hungrigen Spatz, der da den Tod zwischen den Dominosteinen gefunden hatte.

DIE WANDERRATTE

Die Wanderratte kam, vor ein paar Hundert Jahren, mit dem Schiff zu uns, genau wie der Nikolaus, doch der ist ja wieder nach Hause zurückgekehrt, während die Wanderratte blieb. Sie blieb und vermehrte sich. Auf einmal war sie überall, und uns Menschen grauste es. Wäre es nur andersherum gewesen, hätte sich doch bloß der Nikolaus vermehrt.

Obwohl, obwohl beim Nikolaus hat man nichts zu lachen, der guckt immer so feierlich. Und mit Ratten, hat man da was zu lachen?

Und ob!

Eines Tages sagte jemand aus dem Blauen heraus: »Komm, lass uns mal eine Ratte kitzeln.«

Echt wahr, so war das. Das hatte ein Universitätsprofessor zu seinen Studenten gesagt. Darauf hängten sie hochempfindliche Mikrofone in den Rattenkäfig und fingen an, die Tiere zu kitzeln. Gemeinsam mit ihrem Professor entdeckten die Studenten, dass die Ratten lauter fiepten und piepten, wenn sie gekitzelt wurden, so als würden sie lachen. Sie entdeckten auch, dass junge Ratten öfter kicherten als alte und dass kichernde Ratten am liebsten mit Ratten befreundet waren, die auch kicherten. Rattenweibchen kicherten wiederum mehr als Männchen, und wenn ein Hauch Katzengeruch durch den Käfig wehte, wurde es auf einen Schlag ruhiger.

Also, lieber Nikolaus, hier schon mal mein Wunschzettel fürs nächste Jahr: vier Mikrofone, mit denen man Rattenlachen aufnehmen kann. Eins für jede Kellerecke. Ansonsten bin ich wunschlos glücklich. Danke schön!

DER GEMEINE OHRWURM

Igittigitt! Ein Ohrwurm. Weg mit diesem Tier mit seinen furchterregenden Zangen, mit denen er einem zwei Löcher in die Finger bohrt. Weg mit ihm, hau drauf, zertritt ihn!

Tatsächlich ist der Ohrwurm womöglich das liebste Insekt der Welt. Mit den Haken am Hintern würde er niemals jemandem etwas zuleide tun. Die Schere braucht er nur, um damit zu drohen oder um sein Essen damit festzuhalten, ansonsten jedoch ist er völlig harmlos.

Das Weibchen legt im Herbst fünfzig weiße Eier in eine Höhle in der Erde. Andere Insekten machen sich davon, sobald sie ihre Eier gelegt haben, oder sterben, nicht so das Ohrwurmweibchen. Das legt sich wie ein Hund neben seinen Berg mit Perlen, um sie zu bewachen. In bestimmten Abständen leckt sie alle fünfzig Eier sauber, um zu vermeiden, dass sie austrocknen oder schimmeln.

Wenn sich ein Feind nähert, verjagt sie ihn, und wenn aus Versehen ein Ei kaputt geht, isst sie es auf. So ein kaputtes Ei ist den ganzen Winter über ihre einzige Nahrung, denn sie lässt ihre Babys nie im Stich, no way. Lieber hungert sie, als dass sie mit vollem Bauch in ein geplündertes Nest zurückkommt.

Auch wenn ihre Jungen aus dem Ei gekrochen sind, kümmert die Mutter sich weiter um sie. Sie begleitet ihre Nymphen nach draußen auf Nahrungssuche, und es gibt sogar Ohrwurmarten, die für ihre Jungen das Essen ins Nest herbeischleppen.

Sollte die Mutter in einem sehr tragischen Fall doch sterben, dann fressen ihre Kinder sie auf. Die Ohrwurmmutter ist eine Mutter wie keine andere auf Erden: Sie versorgt ihre Kinder nicht nur zu Lebzeiten, sondern sogar noch nach ihrem Tod.

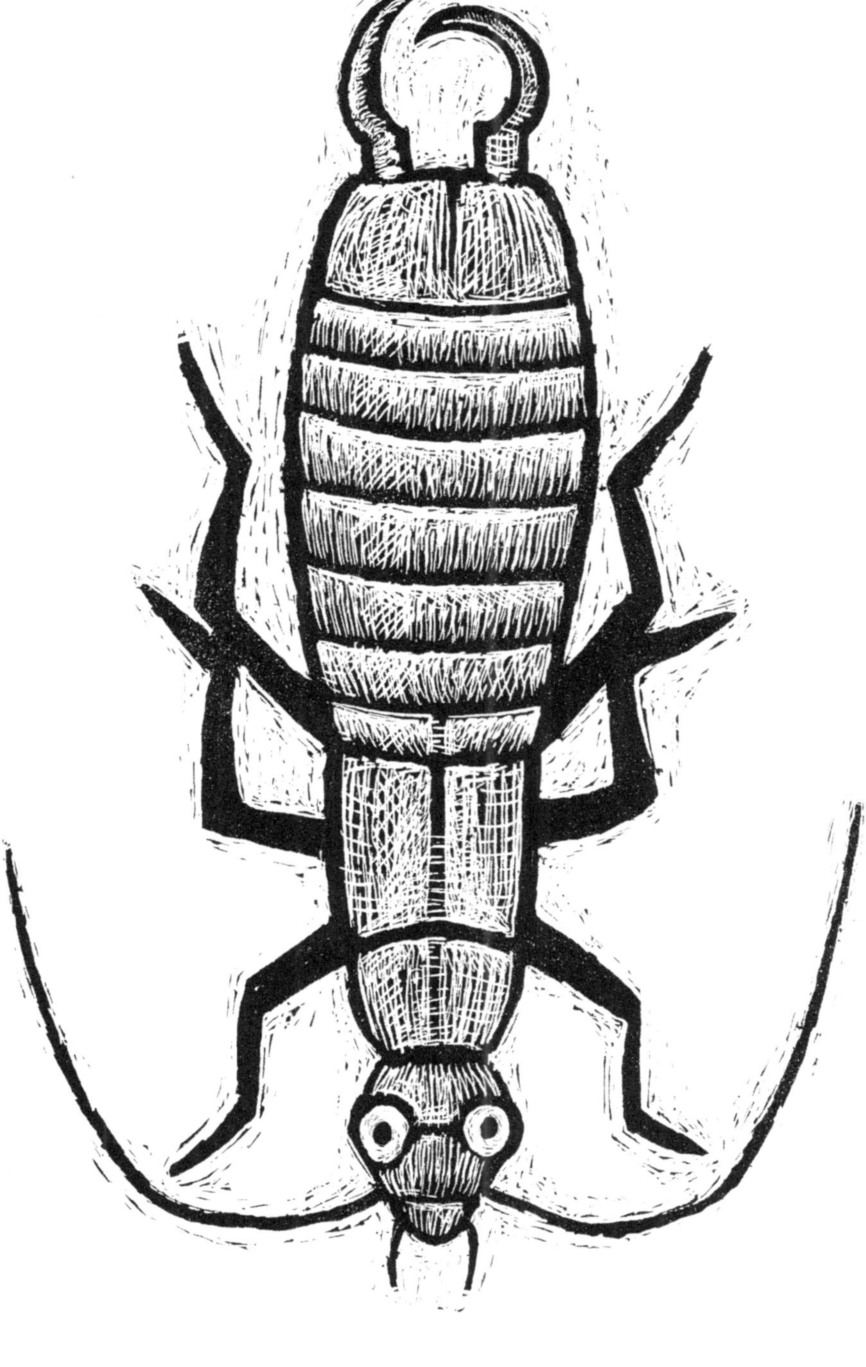

DER EICHELHÄHER

Was für ein Schreihals bist du doch mit deiner großen Klappe, leidest du unter Starallüren oder so was? Du machst vielleicht einen Lärm. Kannst du nicht ein Haus weiter singen? Was glaubst du eigentlich, wer du bist?

Maria Callas?

Haha.

Luciano Pavarotti?

Wir lachen uns krumm.

Wir wissen sehr wohl, dass du in die Klasse der Singvögel gehörst, aber das heißt noch lange nicht, dass du einer bist! Die Callas und Pavarotti würden sich Watte in die Ohren stopfen, wenn sie dich so krächzen hören würden. Nun ja, vielleicht ist ja irgendwo in einer Heavy-Metal-Band noch ein Platz frei, mit deiner Reibeisenstimme hast du da eventuell noch ne Chance.

Wie meinst du das – du rettest die Welt? Wie denn? Hältst du die Klimaerwärmung auf? Hältst du die Deiche mit deinem Schnabel dicht? Hahahaha.

Ach, du erschaffst neue Wälder?! Anstatt alle Eicheln aufzufressen, versteckst du jeden Herbst Tausende im Boden, wodurch neue Eichenbäume wachsen können. Und in Deutschland waren die Eichen mancherorts sogar verschwunden und du hast sie wieder zurückgebracht? Aha, du bist so eine Art Förster. Ohne dich gäbe es sowieso kaum noch gesunde Eichen? Gut zu wissen, Eichelfresserchen. Noch mehr Angeber-Geschichten? Ja? Haben sie nicht in Schweden ausgerechnet, dass es eine halbe Million Euro gekostet hätte, einen neuen Eichenwald anzulegen, du das aber kurz entschlossen umsonst erledigt hast?

Und jetzt, Eichelhäher? Wirst du beim Songcontest teilnehmen, um noch berühmter zu werden?

…

Entschuldige, Eichelhäher, tut uns leid, wir wollten dich nicht beleidigen. Wir lieben dich, wirklich, und wenn du doch beim Eurovision Songcontest in Helsinki, Sofia oder Ankara mitmachst, dann stimmen wir für dich, Eichelhäher. *Twelve points, douze points,* zwölf Punkte, alle für dich.

NOCH MAL KURZ ZUM TANZENDEN STAR Stare können sehr gut Geräusche nachmachen. Auf dem Bahnhof in Rotterdam wohnte ein Star, der das Geräusch schließender Zugtüren nachahmen konnte. Jedes Mal fielen die Menschen wieder darauf herein. Alles fing an zu rennen, weil sie fürchteten, den Zug zu verpassen.

DIE ZWERG-FLEDERMAUS

Man sieht sie nicht, man hört sie nicht, aber man spürt, dass sie da sind. Diese rätselhaften Tiere, die das nächtliche Himmelszelt bevölkern. Ihr Flügelschlag ist geräuschlos, und ihr Ruf ist für unsere Ohren nicht zu hören. Die Fledermaus ist das einzige fliegende Säugetier der Erde. Die Tiere haben keine Federn, sondern ein Fell, und ihre Flügel bestehen aus Haut, die zwischen ihre Finger gespannt ist.

Im Herbst, wenn wir Menschen an fallende Blätter denken, gehen die Fledermäuse auf Liebesjagd. Die Männchen und Weibchen finden in einem Kirchturm oder auf dem Dachboden einer Schule zueinander. Danach trennen sich ihre Wege wieder. Das Weibchen ist dann nicht schwanger, nein, sie passt gut auf, es ist noch viel zu früh, um Kinder zu bekommen. Den ganzen Winter hindurch hält sie die Samen ihres Mannes in ihrem Bauch fest, bis es Frühling wird. Dann erst lässt sie den Dingen ihren Lauf.

Kurz vor der Geburt ihres einzelnen Nachkömmlings sucht sie zusammen mit etwa hundert anderen Weibchen einen geeigneten Ort, um ihr Kind zu bekommen. Und weil Fledermäuse es lieben umzuziehen, flattern sie von Ort zu Ort, auch wenn sie ein Junges haben.

Gut möglich, dass an einem Sommerabend ein Dutzend Fledermausweibchen – winzig kleine Babys an den Bauch geklemmt – an deinem Fenster vorbeistreift, während du tief und fest schläfst. Niemand sieht es. Aber zu wissen, dass es passiert, ist schon bezaubernd genug.

DER SEESTERN

Hereinspaziert, du schlaffes Tierchen mit deinen weichen Beinen und deinem fleischigen Körper. Mit all deinen Röhrenfüßen und Hautkiemen, deiner Fähigkeit zur Selbstreparatur und den stumpfen Stacheln auf deinem Rücken. Hereinspaziert in unser Buch. Denn auch du gehörst dazu, zu den ganz gewöhnlichen Tieren. Obwohl wir das eigentlich kaum glauben können.

Warum? Vielleicht weil wir ihn so selten sehen, den Seestern. Trotzdem ist er stinknormal. Er lebt unter Wasser, im Meer, und da schauen wir nicht so oft vorbei. Er kriecht auf dem Meeresboden herum oder klammert sich an einem Felsen oder an den Steinen eines Deichs fest. An diesen Stellen nämlich wohnt seine Lieblingsspeise, die Miesmuschel. Wie er die aufbekommt mit seinen fünf matschigen Beinen am Rumpf?

Kaum zu glauben, aber wahr: Der Seestern ist ein Bodybuilder. An der Unterseite seines Körpers befinden sich etwa tausend Saugnäpfe. Wenn er Appetit auf eine Miesmuschel hat, und das hat er sehr oft, schiebt er sich über die Muschel und spannt die Muskeln an. Sofort fängt eine Art Gladiatorenkampf an, denn die Miesmuschel ist auch ein Kraftprotz, ganz im Ernst. Niemand zieht seine Muschelhälften einfach ungefragt auseinander. Wirklich niemand.

Ihr Kampf dauert oft Stunden. Der Seestern zieht, die Miesmuschel kneift. Der Seestern braucht nur einen kleinen Spalt, um zu gewinnen, eine winzig kleine Öffnung, durch die er seinen Magen in die Muschel gleiten lassen kann.

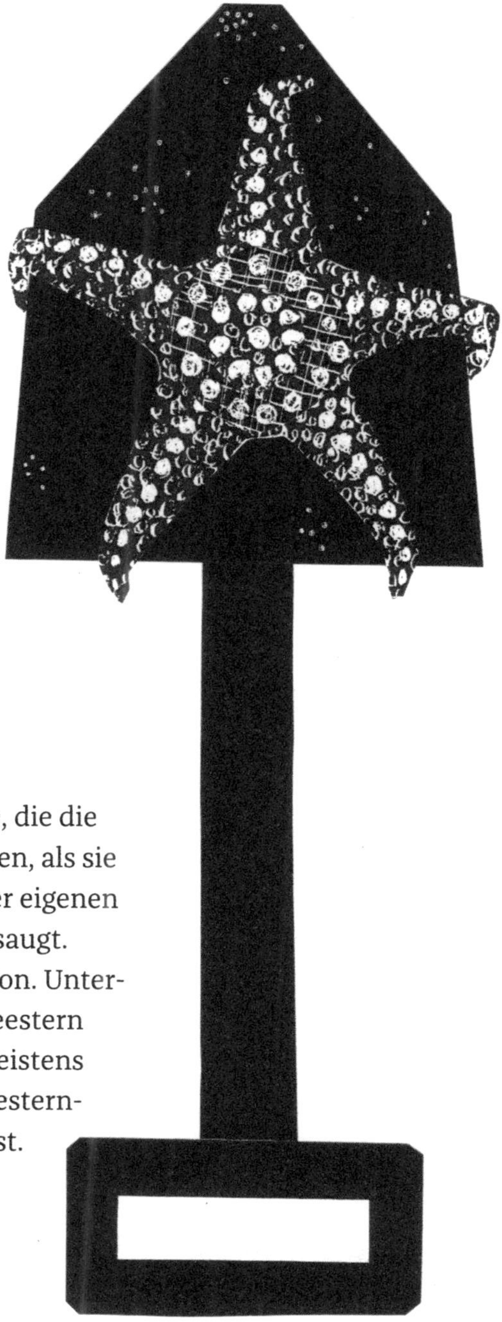

In dem Magen befinden sich Säfte, die die Miesmuschel noch weicher machen, als sie ohnehin schon ist. Sie wird in ihrer eigenen Schale verdaut und danach aufgesaugt. Brrrh, das klingt wie Science-Fiction. Unter-Wasser-Science-Fiction. Zodiac Seestern gegen Mercurius Miesmuschel. Meistens gewinnt der Seestern, weil das Seestern-System nun einmal unschlagbar ist.

NOCH EIN LETZTES MAL ZUM UNBEDEUTENDEN SPATZ

Am 23. April 2009 brannte in England ein Geschäft ab. Der Brand wurde von einem Spatz verursacht, der in seinem Schnabel eine brennende Zigarettenkippe in sein Nest getragen hatte.

DIE MIESMUSCHEL

Es dauert ungefähr zwei Jahre, bis die Miesmuschel eine dicke Muschel ist. Sie beginnt ihr Leben als Larve, als D-förmige Larve, um genau zu sein. So schwebt sie ein paar Wochen lang durch die Salzgewässer.

Nach einer ganzen Weile, die genaue Dauer hängt von der Temperatur des Seewassers ab, bildet sich eine winzig kleine Muschelschale um die kleine Larve herum. Dadurch wird die Larve zu schwer, um noch schweben zu können.

Wie ein Fallschirmspringer sinkt sie auf den Boden des Meeres. Mit dem Unterschied, dass Fallschirmspringer noch lenken können, die entstehenden Muscheln können das nicht. Die inzwischen gepanzerte Larve muss darauf vertrauen, irgendwo zu landen, wo sie Halt findet. Auf festem Boden und nicht in losem Sand, denn dort ist sie verloren.

Der Regen fallender Muschellarven heißt Brutfall. Von diesen Millionen herabfallenden Muscheltropfen schaffen es nur einige wenige, auf die richtige Weise zu landen.

Zwischen ihren zwei Muschelklappen streckt sich ein Fuß hervor, aus dem wiederum ein Faden kommt. Ein klebriger, zäher Faden. Und noch einer und noch einer. Damit bindet sich die taufrische Muschel selber fest. Manchmal verändert sie ihre Position ein wenig und spannt neue Ankerfäden, um nicht von der Strömung mitgerissen zu werden.

Wenn die Miesmuschel Glück hat, wird sie fünfzehn Jahre alt oder zwanzig, doch wenn vorher ein Seestern auf sie springt …

Höchstwahrscheinlich verwandelt ihre Schale sich dann in ihr Grab.

DIE WILDENTE

Schon aus einem Kilometer Entfernung sieht man, wer das Männchen ist und wer das Weibchen. Das Männchen ist von silbergrauer Farbe und hat einen grünen Kopf, wie eine Ampel, als wolle es andauernd sagen: Worauf wartest du, es ist grün, komm mal rüber mit dem Brot.

Das Weibchen ist bräunlich und eher unauffällig. Das ist auch gut so, denn ihre Ehe dauert nicht sehr lang. Ab dem Moment des Eierlegens ist ihr Mann ausgeflogen, und sie muss brüten und für die Jungen sorgen. Auf ihrem Nest muss sie unsichtbar sein, und das funktioniert am besten mit einer Tarnfarbe. Säße ihr Mann darauf, dann würde er dem Feind zurufen: Worauf wartest du noch, es ist grün, friss die Eier ruhig auf!

Jeden Sommer verlieren alle Wildenten ihre Flugfedern, sie kommen in die Mauser und es wachsen ihnen neue Federn nach. In diesen Wochen können sie nicht fliegen. Für das Weibchen ist das nicht weiter schlimm, das versteckt sich schon irgendwo im Schilf, aber die Männchen mit ihrem Ampelkopf?

Da hat sich die Natur etwas einfallen lassen. In dem Moment, wo die Männchen ihre Flugfedern verlieren, verschwinden auch ihr grüner Kopf und der silberne Glanz auf ihren Flügeln. Dann ist der Unterschied zwischen Männchen und Weibchen fast nicht mehr zu sehen.

Im Juli und August sind Ferien, und die Ampel arbeitet mancherorts nicht. Dann muss man besonders gut aufpassen, nicht nur beim Straße-überqueren, sondern auch beim Versuch, zu erkennen, wer denn jetzt genauso ungeduldig auf das Butterbot wartet – Männchen oder Weibchen.

NOCH MAL KURZ ZUM KRAFTSTROTZENDEN SEESTERN

Wenn er einen seiner Arme verliert, kann er sich den wieder nachwachsen lassen. Sogar wenn er vier verliert, gelingt ihm das noch. Der Seestern ist selbst reparierend.

DAS KANINCHEN

Kaninchen wohnen in unseren Wäldern, Parks und in den Dünen, in unseren Schuppen, Beeten und Gärten. Sie hocken überall, wild oder zahm, sie unterscheiden sich nicht groß, außer in der Farbe.

Die Kaninchen, ob wild oder zahm, tun etwas, was die meisten Tiere und Menschen schaudern lässt, sie essen ihre eigene Kacke. Wer denkt sich denn so was aus? Das kann doch nicht gesund sein?

Und ob. Viel mehr noch: Wenn sie das nicht machen, dann sterben sie. Sie müssen ihre eigenen Köttel essen, um zu überleben.

Kaninchen haben verschiedene Sorten Kacke. Trockene Erbsen-Köttel. Und klebrig-feuchte, die aussehen wie Erdnussmakronen. Die trockenen Köttel fressen sie nicht, die feuchten schon.

In den trockenen Kötteln befindet sich Abfall, in den feuchten hingegen Nährstoffe, die lebensnotwendig für sie sind. Nährstoffe, die im Blinddarm hergestellt werden. Die Blinddarm-Köttel werden ein Mal täglich ausgekackt. Dafür setzt sich das Kaninchen in Position, beugt seine süße Schnute zum Hintern und futtert die Vitamine auf, bevor sie den Boden berühren. Schmutzig? Geht so. Wenn man schon Kacke essen muss, dann lieber Erdnussmakronenkacke als Erbsenkacke.

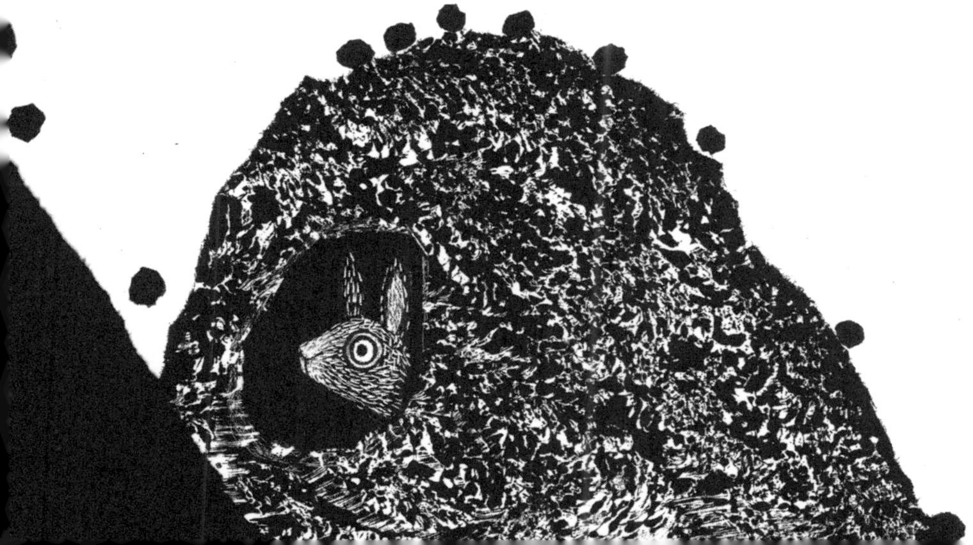

ENTSCHULDIGUNG, NOCH MAL ZUM ERBÄRMLICHEN SPATZ Im Dezember 2012 haben Forscher entdeckt, dass Spatzen des Öfteren Zigarettenkippen in ihr Nest legen. Warum? Weil sich im Filter giftige Stoffe befinden. Diese Stoffe vertreiben Parasiten.

DER WEBERKNECHT

Es gibt Menschen, die sich beim Anblick eines Weberknechts nicht mehr zu rühren wagen. Sie glauben, dass sich in seinem Kiefer eine Ladung Gift befindet, mit der er ganze Landstriche vernichten kann.

Sollen sie doch!

Sollen sie ruhig alle glauben, Weberknechte seien lebensgefährlich, in Wirklichkeit jedoch sind es verletzliche Tiere mit einem winzig kleinen Körper und Beinen, so lang, dass sie kein Ende nehmen. Sie ähneln Spinnen, sind aber keine. Sie weben kein Netz und haben keine Giftzähne, unschuldige Balletttänzer im Wald sind sie.

Trotzdem müssen Weberknechte bei aller Nettigkeit eine Waffe haben, denn mit Liebe allein überlebt man nicht. Nun, das hat die Natur zum Glück gut eingerichtet. Der Weberknecht beherrscht einen magischen Trick, mit dem er im Zirkus einen Haufen Geld verdienen könnte.

Wenn er von einem Vogel an einem seiner ellenlangen Beine gepackt wird, dann trennt er sich einfach von seinem Bein und flieht auf den sieben übrig gebliebenen Stelzen. Doch das ist noch nicht alles. Das eine losgerissene Bein wird auf einmal lebendig. Es fängt an, sich zu winden und zu beben, sodass der Vogel nicht mehr auf den weglaufenden Weberknecht achtet, sondern auf das wimmelnde Bein vor seiner Nase.

Horror!, denkt der Vogel.

Hurra!, denkt der Weberknecht.

DAS EICHHÖRNCHEN

Das ist jetzt mal ein Beispiel für ein Tier, das die Welt schöner macht. Natürlich, alle Tiere machen die Welt schöner, doch es gibt welche, die zur Sonderklasse gehören, die alles übertreffen. Und das rote Eichhörnchen übertrifft alles mit seinen Pfoten, seinen Augen, seinen Ohren, seinem Schwanz, seinem Fell. Seinen ... seinen ... langen Nägeln, seinem weißen Bauch, seiner Knabbertechnik, seiner Klettertechnik, seiner Verstecktechnik. Sogar sein Charakter ist schön.

Wenn das Eichhörnchen einen Wintervorrat anlegt, tut es das ziemlich auf gut Glück. Einige Eicheln in den Boden, einige zwischen die Äste eines Baums geklemmt, ein paar Bucheckern in eine Höhle ... wenn es sich dann aber an einem kalten Wintermorgen auf die Suche danach macht und statt seiner eigenen die Vorratskammer eines anderen findet, dann lässt es die ganzen Leckereien liegen. Eichhörnchen beklauen sich nun mal nicht gegenseitig.

Jetzt denkt wahrscheinlich jeder: Nach einer solchen Lobeshymne kommt jetzt sicher gleich die Kehrseite der Medaille. Tut es aber nicht.

Eichhörnchen leben allein. Nach Sonnenaufgang suchen sie einige Eicheln, mittags legen sie sich schlafen, am Spätnachmittag ziehen sie wieder los. Im Winter sind sie nur morgens aktiv. Wenn es allerdings stürmt, bleiben sie den ganzen Tag über in ihrem geschützten Nest oder ihrer Höhle, um nicht von den Ästen gepustet zu werden. Wenn der Wind doch mal ein Nest verwüstet, dann zieht das Eichhörnchen einfach in ein Reservenest, jedes Eichhörnchen hat natürlich ein solches.

So viel Musterhaftigkeit ist ja kaum zum Aushalten. Doch zum Glück frisst das Eichhörnchen im Sommer ab und zu auch mal ein rosa Vogelküken, weil Fleisch nach den vielen Nüssen furchtbar lecker schmeckt.

Eichhörnchen sind perfekt. Ihre Pfoten, ihre Augen, ihre Ohren und auch ihre Zähne. Die können ganze Nüsse knacken und demnach auch Knochen.

NOCH KURZ ZUR ALLEINIGEN KREUZSPINNE Bei starkem Regen bleibt die Spinne nicht in ihrem Netz, sondern sucht sich einen geschützten Platz in der Nähe. Mithilfe ihres Telegraf-Fadens, den sie fix gesponnen hat, spürt sie, ob ihr etwas ins Netz gegangen ist.

DER DREISTACHLIGE STICHLING

Es gibt Tiere, die unkompliziert sind, und solche, die sich anstellen. Der Stichling stellt sich an, und zwar so sehr, dass man sich fragt, warum er nicht längst ausgestorben ist. Mann, ey, was für ein Trara, was für ein Budenzauber, wenn es Frühling wird. Vonseiten der Männchen natürlich, klar? Die Weibchen verhalten sich ganz normal, stinknormal, aber die Männchen gebärden sich, als wären sie auf dem Weg zu einer Butterfahrt mit den besten Freundinnen.

Sie donnern sich erst mal ordentlich auf. Ihr grauer Hals und Bauch färben sich orange, ihre Augen hellblau und ihr Rücken metallic grün.

Wenn ihr Make-up richtig sitzt, suchen sie einen geeigneten Platz für ein Nest. Unter Zuhilfenahme von Sand, Algen und Pflanzenstängeln räumen sie auf. Was für eine Schlepperei und Plackerei. Wenn das Nest endlich so weit fertig ist, muss der Stichling noch eine Öffnung hineinbohren, damit ein Tunnel entsteht. Durch das Bohren verrutscht wieder alles, und der Stichling muss aufs Neue basteln und bauen. Oje, was für ein Chaos und oje, wie umständlich alles.

Wenn dann endlich ein Weibchen mit einem Bauch voller Eier auftaucht, will das Männchen es gerne erobern. Für die Stichlingsfrau wäre das gar nicht unbedingt nötig, denn sie will ihre Eier sowieso loswerden, sie ist kurz vorm Platzen, aber erst muss und wird das Männchen für sie tanzen.

Und nach dem Tanz, wenn sie denkt: Jetzt mach mal hin, Alter, ich platze gleich, dann hat das Männchen nichts Besseres zu tun, als doch noch mal sein Nest zu überprüfen, ganz Johnny Controlletti zu checken, ob alles in Ordnung ist und so. Zum Verrücktwerden. Und die ganze Zeit über muss das Weibchen brav warten. Macht sie das nicht, dann wird ihr Mann böse und bedroht sie mit seinen drei Dornen. Manchmal lässt das Weibchen das Männchen dann einfach stehen, oder sie lässt ihre Eier alle ins Wasser fallen.

Aber …

… wenn dann schließlich doch ein Weibchen erschöpft im Nest liegt, tickt der Mann mit dem Maul ungeduldig gegen ihren Schwanz: Nicht trödeln, sondern pressen! Sobald das letzte Ei gelegt ist, verjagt der Mann seine Frau aus dem Nest und legt selbst los. Er befruchtet die Eier.

Und danach? Danach muss er fächeln.

Fächeln?

Er ist dafür verantwortlich, dass ständig frisches Wasser an den Eiern entlangströmt, andernfalls schlüpft nichts. Er wedelt mit seinen Finnen, als hinge sein Leben davon ab.

In dem Moment, wo der Nachwuchs aus den Eiern schlüpft, haben die Männer ihre schönen Farben verloren und sehen wieder blass, aschgrau und abgehärmt aus.

Ach, gäbe es doch statt der Butterfahrt etwas ganz anderes: nämlich eine Verwöhn- und Erholungskur für dreistachlige Stichlingsmännchen, zu der Frauen gar nicht erst zugelassen sind.

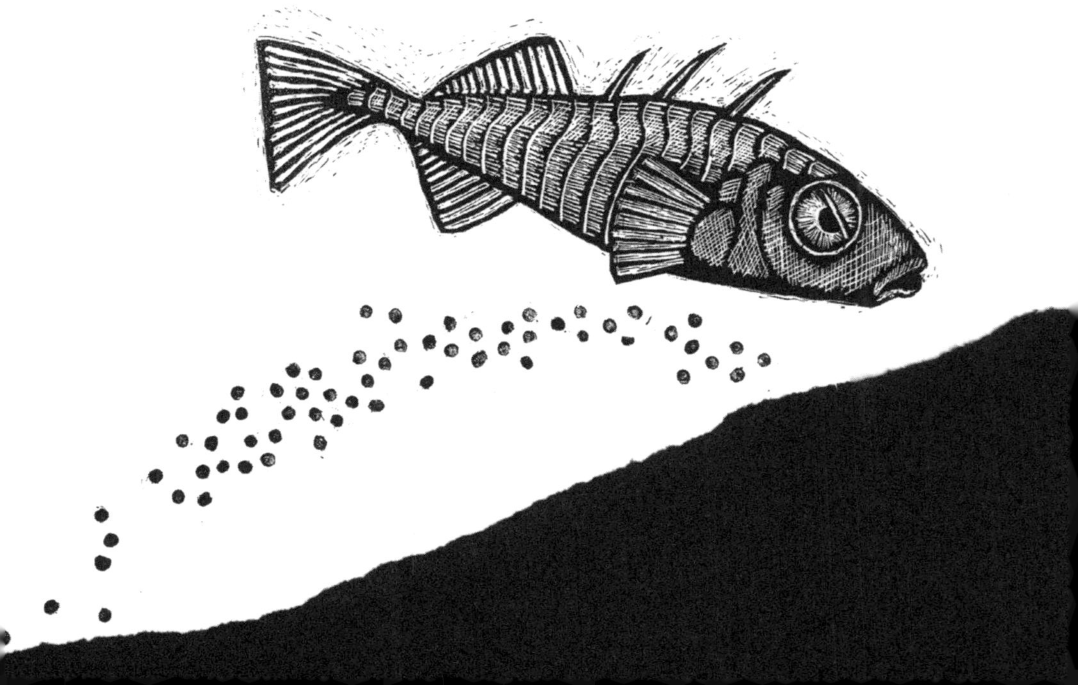

ACH, NOCH MAL KURZ ZUM GEPLAGTEN SPATZ 1958 erklärte China dem Spatz den Krieg. Er würde das ganze Getreide auffressen, das für die Menschen bestimmt war. Die gesamte Bevölkerung wurde aufgerufen, den Spatz auszurotten. Nach wenigen Tagen war fast kein Spatz mehr übrig. Als das Getreide im Jahr darauf heranwuchs, wurde es von Heuschrecken und anderen Insekten aufgefressen. Die Chinesen hatten einen Moment lang vergessen, dass Spatzen ihre Jungen mit Insekten füttern …

DIE TAUBE

Ja, genau, da haben wir das Tier, das nie Platz für einen macht, weil es glaubt, die Straße gehöre nur ihm. Tauben sind eine Plage, sie sind die Pest, sie sind … dreiste Piloten, die ihre Maschine einfach überall landen lassen, ohne um Erlaubnis zu fragen.

Aber halt, stopp, so schlecht ist die Taube nun auch wieder nicht. Sie hat einen fantastischen Kompass in ihrem Schnabel. Wenn wir eine einheimische Taube nach Rom bringen und dort freilassen, ist sie einen Tag später wieder zurück in ihrem Taubenschlag.

Und da ist noch etwas! Etwas Großartiges und Besonderes. Tauben heiraten fürs ganze Leben und erziehen ihre Kinder gemeinsam. Und wenn wir gemeinsam sagen, dann meinen wir auch GEMEINSAM. Kurz bevor die Küken schlüpfen, hören Vater und Mutter auf, Nahrung zu sich zu nehmen.

Das ist lebenswichtig.

Denn …

… in ihrem Kropf, einer Art Hohlraum in ihrer Kehle, in der das ganze Essen bewahrt wird, produzieren die Tauben Milch, Taubenmilch. Die sieht aus wie bröckeliger Käse. Ohne diese Taubenmilch können die Küken nicht überleben. Darum dürfen die Eltern einige Tage lang selbst nichts essen, andernfalls gelangen auch Samen, Pommes und Brot in den Kropf, und das vertragen die Küken noch nicht.

Also, solltest du die kreuz und quer aufsteigenden Flieger in deiner Straße nicht ausstehen können, dann denk kurz an alle Väter und Mütter, die mit wässrigem Mund auf die Fritte auf dem Gehweg schielen und insgeheim denken: Ach, was für eine leckere Fritte, hmmmm, sieht das köstlich aus, wie gerne würde ich die jetzt essen. Und die anschließend trotzdem weitergehen.

Sich die Lippen leckend, hungrig und erschöpft.

Eine Fahrt mit Tempo 120 über die Autobahn? Nichts leichter als das.

Eine Flugreise fünfzig Grad unter null über der Wolkendecke? Überhaupt kein Problem.

Eine schlingernde Überfahrt bei Windstärke 8 auf offener See? Kinderkram.

Eine unspektakuläre Landung eines gelb-schwarzen Tieres in unserer Limonade? Hiiiiiilfeee, wo sind die Luftschutzkeller?

Wespen verhalten sich wie die meisten Menschen im Verkehr: schön aggressiv. Erst stechen, dann reden. Doch wir vergessen mittlerweile, wie wichtig das Tier früher einmal war.

Wichtig?

Wieso?

Nun, kurz gesagt läuft es darauf hinaus: ohne Wespen keine Bücher. Wespen sind nämlich die Erfinder von Papier. Unseres Papiers. Dieses Papiers.

Eines Tages, so ist es in den Geschichtsbüchern nachzulesen, fand ein Chinese ein Wespennest. Glücklicherweise rannte er nicht davor weg, sondern nahm es genau unter die Lupe. Er muss gedacht haben: Was ist das doch für ein besonderes Material, das sieht aus wie Papier. Wie kommen diese Wichtigtuer an so was? Als er sah, wie die Wespen an Zweigen, Baumstämmen, Zäunen und Pfosten knabberten, ging ihm ein Licht auf. Er beobachtete, wie die Wespen das Holz mit Spucke vermischten und auf diese Weise ein Brei entstand, mit dem sie fantastische Bauwerke mauerten, Bauwerke aus Papier.

Seitdem stellen die Menschen ihr Papier nicht mehr aus Schilf oder alten Kleidern her, sondern aus Holz. Die Wespe verdient eigentlich ein Denkmal, nur ihren Stachel müsste sie etwas öfter zu Hause lassen.

DIE WESPE

DER HALSBANDSITTICH

Im Anblick des Sonnenuntergangs versunken stehst du in einem Park, und plötzlich fängt der Baum neben dir an, sich zu schütteln und zu beben, ohne dass sich ein Lüftchen regt. Die Blätter haben rote Schnäbel, und es wird herumgeschrien und geschubst. Ist ein Ufo gelandet? Was sind denn das für *Aliens* in giftgrünen Anzügen?

Nun, es handelt sich um Vögel. Papageien aus Afrika und Indien. Nein, sie sind nicht selbst hierhergeflogen, sie wurden hierhergebracht und in Käfige gesteckt, und zwar weil sie so schön und pflegeleicht sind. Eines Tages entwischten einige von ihnen oder wurden freigelassen. Sie bauten ein Nest, in Den Haag. Genau das Gleiche passierte in Rotterdam, Amsterdam, Brüssel und Köln.

Das in den Städten fing mit wenigen Pärchen an, aber es wurden immer mehr. Anfangs zeigten die Menschen staunend auf die exotischen Flieger, doch längst strecken sie ihren Finger mit einer anderen Geste aus. Einer, die sagt: Sie fressen das Futter unserer Amseln. Sie nehmen die Nester unserer Spatzen ein. Sie verjagen die Fledermäuse aus ihren Winterhöhlen. Weg mit den fremden Vögeln!

Es ist wie so oft: Die Leute haben nur zum Teil recht, denn der Halsbandsittich frisst anderes als Spatzen und Amseln und brütet nicht gerne in einem dunklen Specht-Wald, und viele Fledermäuse weckt er auch nicht aus dem Winterschlaf. Das passiert zwar, aber seltener, als man denkt.

In einem halben Jahrhundert wurde der Halsbandsittich von einer Seltenheit zu einem Allerweltstier. Wenn die Sittiche schlafen gehen, dann am liebsten in ein und demselben Baum. Manchmal mit Hunderten zugleich. Der Einzige, der wirklich Grund hätte, sich zu beklagen, ist … der Baum.

DIE SCHWARZE WEGAMEISE

Krasskrasskrass, die schwarze Wegameise ist ein kribbeliges Krümelchen, das nicht für sich, sondern für die ganze Ameisenkolonie lebt. Es gibt kein Ich, nur ein Wir, und zusammen sind sie eins. Sie wohnen unter Gehwegplatten, unter Sträuchern oder hinter der Rinde eines Baums.

Die Kolonie besteht aus: einer Königin, manchmal sogar mehreren Königinnen, Arbeiterinnen und einigen Männchen, und sie alle haben ihre ganz eigene Aufgabe.

Die Königin legt ihr ganzes Leben lang Eier. Die Arbeiterinnen kümmern sich um die Eier und melken das Vieh.* Und die Männchen müssen zu einem verabredeten Zeitpunkt sämtliche neuen Königinnen befruchten. Am liebsten eine Königin aus der Nachbarkolonie.

An einem warmen Sommertag drängen sich alle Männchen und alle jungen Königinnen aller Kolonien aus der ganzen Umgebung Richtung Ausgang ihres Ameisennestes. Ihre Flügel fangen an zu beben, bis einer das Zeichen gibt: JETZT!

Alles wimmelt und schwirrt, und innerhalb weniger Minuten ist die Luft von fliegenden Ameisen erfüllt. Es ist ein Hochzeitsflug. Die zarten Königinnen fliegen so hoch sie können, und nur die Männchen, die es genauso hoch schaffen, dürfen einen kurzen Moment lang Prinz sein. Danach fallen sie wieder auf die Erde. Die Männchen, um dort zu sterben. Und die Königinnen, um ein Nest zu graben und eine neue Kolonie aufzubauen.

Die alte Königin macht nicht mehr mit, sie bleibt mit ihren Arbeiterinnen im Nest zurück. Der Hochzeitsflug einer Ameisenkönigin ist einmalig. Ungefähr fünfzehn Jahre lang kommt sie mit den befruchteten Eiern ihres früheren Prinzen aus.

* Siehe Blattlaus, gleich im Anschluss

DIE BLATTLAUS

Die Blattlaus ist ein Gesellschaftstier, das unsere geliebten Pflanzen in Horden bevölkert. Sie vermehrt sich rasend schnell, und im Sommer legen die Weibchen keine Eier, von wegen, sie pressen komplette Babys aus, mit einem Maul, sechs Beinen und sofort einsatzbereit.

Die Blattlaus lebt von Pflanzensaft. Sie steckt ihren Stechrüssel in ein frisches junges Blatt und wie von selbst läuft ihr der Pflanzensaft ins Maul. In diesen Säften befindet sich sehr viel Zucker, viel mehr als die Blattlaus braucht, was also macht sie? Sie scheidet den Zucker aus. An ihrem Hinterteil bildet sich ein durchsichtiger Tropfen, und weil Zuckerkacke so ein hässliches Wort ist, nennen die Menschen diesen süßen Tropfen Honigtau. Dieser Honigtau landet auf der Pflanze, die anschließend furchtbar klebt.

Manche Tiere haben nichts gegen einen Schluck Zuckerwasser, im Gegenteil, darum lecken sie den Honigtau auf. Wespen, Bienen und vor allem Ameisen sind verrückt danach. So verrückt, dass sie genau wissen, wo in der Nähe Blattläuse zu finden sind.

Die Ameisen ziehen täglich wie Bauern los, um ihre Herde Läuse zu melken. Sie streichen mit ihren Fühlern über die Blattlausrücken, die daraufhin sofort ihren Honigtau fließen lassen. Es gibt sogar Ameisenarten, die sich Blattläuse halten. Anstatt Heu füttern sie ihren Milchkühen Blätter.

Und die Blattlaus? Hat die noch etwas vorzuweisen? Na klar, die Blattlaus ist mit allem einverstanden, weil die Ameise sie gegen ihren Erzfeind, den Marienkäfer, beschützt, den elenden Mörder.

Also: Die Blattlaus versorgt die Ameise mit Honigtau, die Ameise verjagt den Marienkäfer, und der Marienkäfer?

DER SIEBENPUNKT-MARIENKÄFER

So, Blattlausmörder, da haben wir dich also, mit deinen sieben scheinheiligen Punkten auf dem Panzer und deinem unschuldigen niedlichen Namen. Jeder läuft mit dir davon. Kinder, weil du nicht stichst, nicht pikst und nicht haarig bist, Frauen, weil du im Garten so einen hübschen Farbtupfer abgibst, und Bauern, weil du ihnen auf dem Acker hilfst. Du frisst die ganzen üblen Läuse auf, die die Pflanzen verderben. Die Menschen finden dich so toll und süß, dass sie dich nach Maria benannt haben, der Mutter Gottes. Aber die Frage ist, ob du diesen Namen auch verdienst.

In Amerika, wo du zunächst nicht mal vorkamst, hat man dich extra eingeflogen, da du der größte Blattläusevertilger der ganzen Familie bist. Und seitdem musste dein unschuldiger Cousin, der Neunpunkt-Marienkäfer, das Feld räumen. Und ward nicht mehr gesehen, der Cousin. Doch, einmal saßen in New York ungefähr zwanzig Stück auf einer Pflanze, sodass es gleich am nächsten Tag in der Zeitung stand. Das war die Nachricht des Tages: Unser Neunpunkt ist zurück! Aber nicht für lange, denn da kamst du schon wieder an mit deinen sieben nervigen Punkten und hast deinen Cousins die ganzen saftigen Blattläuse vor der Nase weggefressen, mit Honigtau und allem, was dazugehört. Und wenn du angegriffen wirst, von einer Meise zum Beispiel, denn auch diese Vögel haben Hunger, dann lässt du dich plötzlich zu Boden fallen. Du tust so, als wärst du tot, Feigling! Dabei bist du überhaupt nicht tot. Und dann lässt du auch noch Gift aus deinen Beinen laufen, wovon Meisenbabys regelrecht krank werden.
So viel sinnlose Gewalt, weißt du, was du bist? Ein siebenfach gepunkteter Falschspieler. Das bist du!

DIE KOHLMEISE

Wenn man völlig verfroren durch die Kälte läuft und gerade bei sich denkt: Geht der Winter denn nie zu Ende? Dann ertönt auf einmal *tsi-da-tsit tsi-da-tsit.* Das ist der Ruf der Kohlmeise. Er kündigt den Frühling an. Nicht, dass der Frühling dann auch kommt, nein, das kann noch Wochen dauern, die Kohlmeise ist einfach nur früh dran. Sie ist ein gut gelaunter Vogel, der alles von der Sonnenseite aus betrachtet, auch wenn es noch wochenlang friert.

Die Kohlmeise ist vielleicht eine. Forscher haben herausgefunden, dass Männchen mit einer gelberen Brust und einem dickeren Bauchband kräftigere Kinder zeugen.

Und jetzt kommt es.

Die Weibchen wissen das auch. Die achten nicht darauf, ob ein Mann zärtlich oder großzügig oder intelligent ist, nein, sie achten auf sein Äußeres: Ist er cool, oder ist er ein farbloses Weichei?

Die Weibchen stehen auf cool.

Doch nicht alle Weibchen können denselben scharfen Vogelmann abbekommen, also heiraten manche einen Tüftler. Mit dem bauen sie in einem Baum oder Meisenkasten ein piekfeines Nest.

Aber wenn der Meisen-Tüftler zu sehr mit der Berechnung der richtigen Position des Nestes im Verhältnis zur Sonne beschäftigt ist und sich zudem zu große Sorgen um den Einfallswinkel von Wind und Regen macht, nimmt das Weibchen schon bald Reißaus und besucht die Macho-Meise nebenan.

Die Natur ist hart im Umgang mit Weicheiern. Doch das ist nicht weiter schlimm, denn Weicheier sind zufällig sehr sanft im Umgang mit echten Eiern.

NOCH MAL KURZ ZU DEN FÜRSORGLICHEN TAUBEN Alle Vögel trinken Schluck für Schluck. Sie schaufeln das Wasser auf und werfen danach den Kopf zurück. Nur die Taube benutzt ihren Schnabel wie einen Strohhalm und trinkt in einem Zug durch, bis ihr Durst gelöscht ist.

OH, DOCH NOCH MAL KURZ ZU DEN FÜRSORGLICHEN TAUBEN Weil sie so ein gutes Richtungsgefühl haben, wissen sie immer, wie sie nach Hause kommen. Im Ersten und Zweiten Weltkrieg benutzte man sie, um Nachrichten zu verschicken. Viele Tauben retteten auf diese Weise Soldaten. Zweiunddreißig Tauben bekamen sogar einen Kriegsorden für ihren Mut und Kampfgeist.

DIE ZECKE

Okay, da kommt es, das meistgehasste Tier auf Erden, die Zecke, diese Heuchlerin, die ihr Maul mit Widerhaken in einen hineinbohrt und dann in aller Ruhe ein paar Tage lang von dem Blut trinkt und sich als Dank mit einer Krankheit revanchiert. Wenn man Pech hat jedenfalls.

Aber die Zecke, dieses arme Geschöpf, kann überhaupt nichts dafür. Sie frisst nur drei Mal in ihrem Leben. Das erste Mal als Larve. Sie kriecht auf ein kleines Tier, saugt sich voll Blut, lässt sich fallen, häutet sich und wird zu einer Nymphe.

Als Nymphe kriecht sie wieder auf ein Tier, saugt sich voll, lässt sich fallen, häutet sich abermals und wird zu einer erwachsenen Zecke.

Als erwachsene Zecke kriecht sie wieder auf ein Lebewesen, am liebsten ein größeres, sucht sich dort zwischen den Haaren und Hautfalten einen Partner und saugt sich wieder voll mit Blut. Nach der Paarung stirbt das Männchen. Das Weibchen quillt total auf. Es trinkt viel mehr als das Männchen, denn es muss schließlich noch tausend Eier legen. Wenn sie das erledigt hat, stirbt auch sie.

Zecke, jetzt, wo wir wissen, was für ein mieses Leben du führst, werden wir dich etwas weniger hassen. Jetzt, wo wir wissen, dass fast deine ganzen Larven den Hungertod sterben, einfach weil niemand zum Draufklettern vorbeikommt, haben wir sogar Mitleid mit dir. Also, Zecke, hier ein kleiner Tipp: Genieß deine Mahlzeit, aber lass das mit dem Kinderkriegen, nur dann hast du noch ein langes und glückliches Leben vor dir.

DER HECHT

82 Nein, der Hecht ist nicht gewöhnlich, aber er tötet für gewöhnlich gern, und zwar so, als wäre es ein Klacks. In seinen Kiefern befinden sich kleine, scharfe Zähne. Was er zwischen die Zähne kriegt, muss dran glauben. Todsicher.

Der Hecht ist eine Beißmaschine, die, vorsichtig formuliert, Herausforderungen liebt. Natürlich könnte er sich ein paar Stichlinge fangen, um seinen Magen zu füllen, doch das stimmt den Hecht nicht wirklich froh. Er leidet unter einer derart tödlichen Fresssucht, dass er am liebsten eine Beute zwischen den Kiefern hätte, die nur mit Müh und Not dazwischenpasst. Ein dicker Fisch, ein Wasservogel oder eine Ratte.

In seinem perfekten Tarnanzug versteckt er sich zwischen den Wasserpflanzen und verhält sich ruhig. Kommt da nicht ein Karpfen angeschwommen? So ein gutmütiger Trottel, zu dumm zum Geschäftemachen, aber zu lecker, um ihn sich entgehen zu lassen, trotz seiner imposanten Größe? Der Hecht macht sich

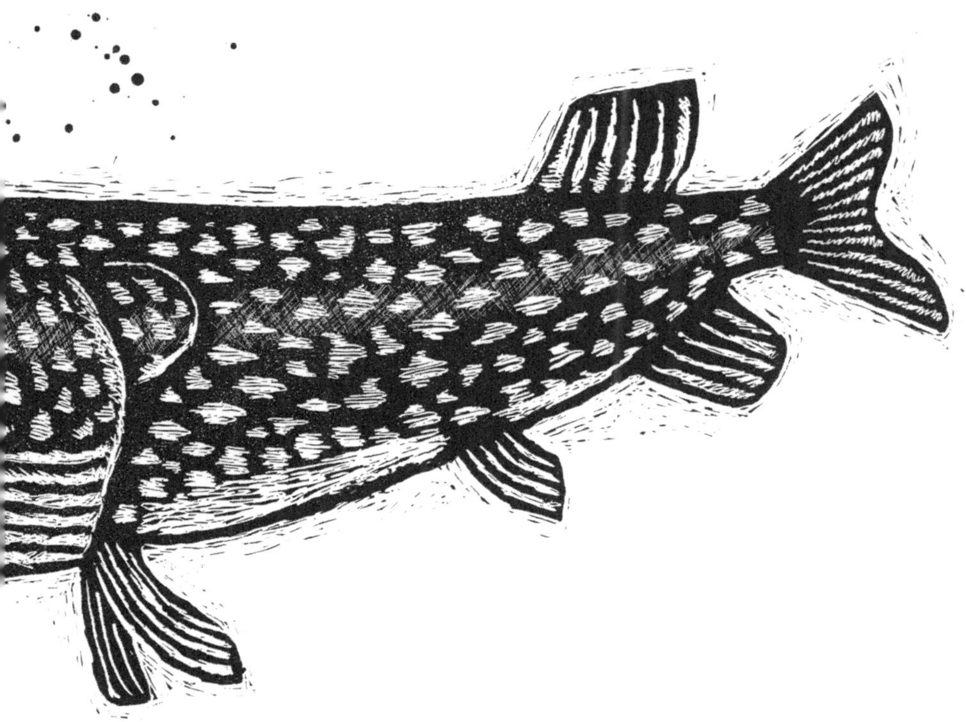

bereit zum Angriff und krümmt seinen Körper, um sich kurz darauf in ein tödliches Geschoss zu verwandeln. Er packt seine Beute von unten und dreht sie so, dass sich der Kopf stromlinienförmig in sein Maul schiebt. Für einen Moment sieht es aus, als könne der Hecht nicht mehr atmen und würde an seinem Fang ersticken.

Manche Hechte sind derart übermütig, dass sie glauben, es mit der ganzen Welt aufnehmen zu können. Sie schwimmen auf einen Artgenossen zu, der nur ein winziges Stück kleiner ist als sie. Ein grauenvoller Kampf ist die Folge, ein Kampf, der mit zwei Toten enden kann: einem Hecht in einem Hecht.

Was übrig bleibt sind:
zwei Schwänze,
ein Kopf und
null Beißmaschinen.

DIE SILBERMÖWE

Was für ein vornehmer Name für einen Vogel, der sich eigentlich den ganzen Tag danebenbenimmt. Eine Silbermöwe hat nämlich mehr von einem Fußballfan weg, der zu tief ins Glas geschaut hat, als von einem gepflegten Juwelier, der Schmuck und Fotorahmen verkauft. Die Silbermöwe hat zwar ein Paar prächtige Flügel, die glänzen, sobald die Sonne auf sie scheint, aber darunter verbirgt sich jede Menge Schrott, ein Alteisenhändler könnte damit einen neuen Laden eröffnen.

Silbermöwen sind an der Küste zu Hause, wo viel Platz ist und sich niemand über ihr Herumgezanke und -gekreische aufregt. Aber da Silbermöwen so ziemlich alles fressen, was nicht niet- und nagelfest ist, sind sie der Bequemlichkeit halber in die Stadt gezogen. Dort fressen sie die Müllsäcke leer und klauen einem das Pausenbrot aus der Hand, gerade wenn man hineinbeißen will.

Dieses Hooligan-Verhalten beginnt schon früh. Alle Silbermöwenväter und -mütter haben einen roten Punkt auf dem Schnabel. In dem Augenblick, in dem die Jungen aus dem Ei geschlüpft sind, fangen sie rücksichtslos an, mit dem Schnabel auf den roten Punkt zu hämmern. »Her mit dem Essen!«, rufen sie. Und dann spucken die Eltern das Pausenbrot aus, das sie einem gerade aus der Hand stibitzt haben.

Toll, diese Silbermöwen, war nett, euch kennenzulernen, aber verschwindet ruhig wieder ans Meer,

uuuund

nehmt vor allem auch eure Kinder mit.

Viele Menschen finden Ohrwürmer gruselig, obwohl sie es nicht sind.

Viele Menschen finden Seesterne lahm, obwohl sie es nicht sind.

Viele Menschen finden Tauben blöd, obwohl sie es nicht sind.

Viele Menschen finden Fliegen schmutzig, obwohl sie es nicht … äh, sehr wohl sind.

Wie schön wäre die Welt ohne diese fliegenden Nervensägen, die von nichts ihre Finger lassen können. Ganz so seltsam ist das Verhalten der Fliegen allerdings nicht, wenn man weiß, dass sich ihr wichtigstes Sinnesorgan in den Füßen befindet. Indem sie auf etwas landen, wissen sie, woran sie sind. Ist es essbar oder nicht? Laufen sie über einen leeren Teller oder ein leckeres Butterbrot?

Nun ja, das kann man den Fliegen ja noch alles nachsehen, jeder hat seine eigene Art zu sehen und zu fühlen. Aber das ist leider noch nicht alles. Wenn eine Fliege an ihren Füßen schmeckt, dass sie auf einem leckeren Honigbrot gelandet ist, tut sie etwas, für das es KEINE ENTSCHULDIGUNG gibt. Sie lässt einen Saugrüssel herab. Einen Saugrüssel voller Fliegenspucke. Und diesen Rüssel leert die Fliege anschließend über dem Butterbot aus. Dadurch wird es so weich, dass die Fliege es durch denselben Rüssel aufsaugen kann.

Iiieeh!

Liebe Fliege, koste ruhig, aber behalt deine Spucke für dich!

Lieber Butterbrotbesitzer, das ist unmöglich, da ich leider nicht kauen kann. Alles, was ich esse, muss flüssig sein. Und übrigens, ich schlürfe nicht. Das Essen läuft ganz von selbst in den Rüssel. Die Natur hat sich das so ausgedacht. Ich kann nichts dafür. Hick.

DIE STUBENFLIEGE

NOCH MAL KURZ, GANZ KURZ, WIR KÖNNEN ES IN DER TAT NICHT LASSEN, ZUM SPATZ 1962 wurden in England aus Versehen zwei Spatzen auf einem mit Stroh gefüllten Wagen in den Aufzug eines Kohlebergwerks geschoben. Das Stroh war für die Ponys gedacht, die 180 Meter unter der Erde Kohlewaggons zogen. Als die Spatzen sich kurze Zeit später umsahen, befanden sie sich tief unter der Erdoberfläche. Das Weibchen ließ sich fangen. Es wurde wieder freigelassen. Das Männchen fristete den Rest seines Lebens unter der Erde.

DER FUCHS

He, was soll das denn hier mit dem Fuchs? Warum steht er in diesem Buch? Wir bekommen diesen Herumtreiber nie zu Gesicht! Diese letzte Seite ließe sich bestimmt besser verwenden.

Halt, halt, jetzt warte doch mal. Der Cousin von unserem Hund ist gegenwärtig das am weitesten verbreitete Raubtier der Welt. Er hat seinen Onkel, den Wolf, vertrieben und ist auf dem Vormarsch. Ja, auch in der Stadt. Vor allem da! Denn dort gibt es keine Jäger, stattdessen lassen sich gute Stellen finden, um sich zu verstecken, sowie jede Menge zu fressen. Zahme Enten im Park, Müllsäcke auf dem Gehweg, Hühner und Kaninchen im Garten.

Früher einmal haben die Menschen versucht, den Fuchs zu einem Hund zu machen. Ja, wirklich! Und es hat geklappt. Nach einigen Generationen fingen die spitzen Fuchsohren schon an zu hängen und der Schwanz ringelte sich. Diese streichelbaren Enkelkinder vom Fuchs kann man noch immer bestellen, und zwar in Russland. Zum Preis eines neuen Autos.

Pfffff, dann doch lieber das wilde Tier. Männchen und Weibchen ziehen ihre Kinder gemeinsam groß. Manchmal sind weitere Weibchen in der Gruppe. Wenn die auch Welpen bekommen, stellen sie es klug an. Sie werfen alle Jungtiere zusammen, und anschließend sorgt jeder für jeden. Auf diese Weise entsteht eine gesellige Familie mit ungefähr zwanzig Kindern, einigen Müttern und einem Vater. So ziehen sie in die Städte und, echt wahr, manchmal sogar in die Häuser.

Solltest du also jemals auf einen Fuchs in der Küche treffen, dann weißt du, was er wert ist: so viel wie ein neues Auto. Aber weil es sich aller Wahrscheinlichkeit nach nicht um einen zahmen, sondern um einen wilden Fuchs handelt, verdienst du kein Geld, sondern musst es wohl eher ausgeben …

… für die Renovierung deiner Küche.

NOCH MAL KURZ ZWEIUNDZWANZIG TIERE PLUS EIN MENSCH

DER BLAUREIHER Für dieses Stück habe ich gelesen: *Little Egret and Grey Heron using Bait for Fishing in Kenya* von der Waterbird Society.

DIE FLEDERMAUS Vielen Dank, Anne-Jifke Haarsma.

DER FUCHS Das Weibchen ist eine Fähe. Ihr Mann ein Rüde. Die Jungen sind Welpen.

DER HALSBANDSITTICH Für diesen Vogel habe ich einen Bericht des niederländischen Vogelschutzbundes Sovon gelesen: *Halsbandsittiche in den Niederlanden im Winter 2011/2012*. Von O. Klaassen und A. van Kleunen.

DER HERING Auf YouTube kann man sich Heringfürze anhören: Herring farts.

DER IGEL Der Riech- und Schmeck-Mechanismus bei Igeln, mit denen sie Neues entdecken können, hat einen Namen: Jacobson-Organ. Es untersucht den Atem und die Spucke. Schlangen und Eidechsen haben auch so ein Organ.

DAS KANINCHEN Das Weibchen heißt Zibbe oder Häsin. Das Männchen Rammler. Und der Nachwuchs Hasenjunges.

DIE KOHLMEISE Dafür habe ich gelesen: Flashier Great Tits Produce Stronger Sperm. *National Geographic, 20-10-2010.*

DIE KREUZSPINNE 2010 wurde die Kreuzspinne zur Spinne des Jahres ernannt!

DER MARIENKÄFER In seinem Leben kann ein Marienkäfer bestimmt fünftausend Blattläuse fressen. Und es sind vier oder fünf Ameisen nötig, um einen Marienkäfer zu verjagen.

DER MAULWURF Die gruselige Aufbewahrungsmethode des Maulwurfs von Regenwürmern: *A Contribution to our Knowledge of the Mole* vom Maulwurfexperten L. E. Adams.

DIE MAUS Der Bruce-Effekt wurde von der Wissenschaftlerin Hilda M. Bruce entdeckt. Sie hat darüber in der Zeitschrift Nature einen Artikel verfasst: »An exteroceptive block to pregnancy in the mouse.« 11. Juni 1959.

DIE NACKTSCHNECKE www.hannyreneman.nl. Danke schön.

DER OHRWURM Der Ohrwurm wurde früher ab und zu auch fein gemahlen und als Medizin gegen Taubheit verwendet. Man hat den Patienten fein gemahlenen Ohrwurm in die Ohren gestreut. Die Frage ist nur: Wurde der Ohrwurm nach der Medizin benannt, oder benutzten die Menschen die Medizin aufgrund des Tiernamens?

DER REGENWURM Ein Regenwurm kommt bereits mit hundertfünfzig Ringen zur Welt. Er wächst dadurch, dass sich die Ringe ausdehnen, nicht dadurch, dass immer mehr dazukommen. Hierzu habe ich die Studie von Ing. J. Valckx u.a. Universität Löwen, 2009 gelesen: *Dieper graven naar het belang van regenwormen in duurzaam akkerbeheer*.

DER SPATZ Der größte Spatzenexperte der Welt ist James Denis Summers-Smith. Ich habe sein Buch *In Search of Sparrows* gelesen. London, 1992. Und, HURRA, es gibt sie überall! Den Haussperling, auch Spatz genannt, den Feldsperling, den Weidensperling, den Wüstensperling, den Jemen-Goldsperling, den Steinsperling, den Rötelsperling, den Maronensperling, den Somalisperling, den Suahelisperling, den Moabsperling, den Saxaulsperling usw. usw.

DER STAR Danke schön, Prof. Dr. Charlotte Hemelrijk von der Reichsuniversität Groningen. Und schaut mal auf YouTube: *sort sol 2009*. Kees Moeliker hat am 17. September 2012 im *Algemeen Dagblad* über den Bahnhofsstar von Gleis 9 berichtet und er hat am 20. Dezember 2005 im *NRC Handelsblad* ein Stück über den hungrigen Domino-Spatz geschrieben.

DER STICHLING Maarten't Haart hat 1978 eine Studie über diesen Fisch verfasst: *Der Stekelbaars*. Das Buch habe ich gelesen.

DIE STUBENFLIEGE Warum sie sich so oft waschen? Um ihre Sinnesorgane zu schärfen! Man unterscheidet zwischen: Kopfputzen, Mundwerkzeugereingen, Flügelpolieren, Hinterleibsäubern, Vorderbeinschrubben, Mittelbeinabreiben und Hinterbeinbürsten.

DIE WANDERRATTE Der Professor, der entdeckte, dass Wanderratten lachen können, heißt Jack Panksepp. Schaut mal auf YouTube, da kann man ihn mit einer lachenden Ratte sehen: how rats laugh.

DER WEBERKNECHT nicht zu verwechseln mit Schnaken (haben Flügel) und Zitterspinnen (hat man oft im Haus).

DIE WESPE Der Chinese, der sich die Papierherstellung von der Wespe abschaute, hieß Cai Lun. Ob sich das genau so zugetragen hat, lässt sich nicht mit Sicherheit sagen.

DIK ZWEEKHORST Ein fantastischer Lektor, danke schön!

OKAY, NOCH MAL KURZ, GANZ, GANZ KURZ, ZUM ALLERLETZTEN MAL Doch nicht etwa schon wieder der Spatz? Doch, wir geben es zu, wieder der wirklich phänomenale Spatz. 1975 landeten wieder zwei Spatzen in einem Bergwerk. Dieses Mal in 650 Metern Tiefe. Es waren zwei Männchen. Ein Spatzenforscher konnte es gar nicht glauben und überzeugte sich selbst davon. Schon bald gesellte sich ein dritter Vogel dazu, ein Weibchen. Sie wurden von den Bergarbeitern gefüttert. Ein Jahr später hatten sie ein Nest aus den Sachen gebaut, die ihnen die Bergarbeiter mitgebracht hatten. Darin saßen drei Junge. Sie wurden mit Samen gefüttert, doch Jungvögel brauchen Insekten. Sie wurden zwar flügge, doch sie waren schlussendlich nicht stark genug, um zu überleben. Die erwachsenen Vögel haben dort insgesamt drei Jahre gewohnt.

INHALT